그림으로 배우는

프로그래밍
Programming
Structure 구조

마스이 토시카츠 저·김성훈 역

SE SHOEISHA   **YoungJin.com Y.** 영진닷컴

그림으로 배우는
프로그래밍 구조

図解まるわかりプログラミングのしくみ
(Zukai Maruwakari Programming no Shikumi: 6328-4)
©2020 Toshikatsu Masui.
Original Japanese edition published by SHOEISHA Co.,Ltd.
Korean translation rights arranged with SHOEISHA Co.,Ltd.
in care of JAPAN UNI AGENCY, INC. through KOREA COPYRIGHT CENTER.
Korean translation copyright © 2021 by YOUNGJIN.COM .

ISBN 978-89-314-6559-4

독자님의 의견을 받습니다

이 책을 구입한 독자님은 영진닷컴의 가장 중요한 비평가이자 조언가입니다. 저희 책의 장점과 문제점이 무엇인지, 어떤 책이 출판되기를 바라는지, 책을 더욱 알차게 꾸밀 수 있는 아이디어가 있으면 이메일, 또는 우편으로 연락주시기 바랍니다. 의견을 주실 때에는 책 제목 및 독자님의 성함과 연락처(전화번호나 이메일)를 꼭 남겨 주시기 바랍니다. 독자님의 의견에 대해 바로 답변을 드리고, 또 독자님의 의견을 다음 책에 충분히 반영하도록 늘 노력하겠습니다.

주 소   서울시 금천구 가산디지털1로 128 STX-V타워 4층 영진닷컴 기획1팀
등 록   2007. 4. 27. 제16-4189호
이메일   support@youngjin.com

저자 마스이 토시카츠 | **일러스트레이터** 하마바타케 카노우 | **역자** 김성훈 | **책임** 김태경 | **진행** 최윤정
표지 디자인 임정원 | **본문 디자인** 이경숙 | **영업** 박준용, 임용수, 김도현
마케팅 이승희, 김근주, 조민영, 김예진, 채승희, 김민지, 임해나 | **제작** 황장협 | **인쇄** 서정바인텍

저자 머리말

이 책을 집필하기 시작할 때 제목을 어떻게 할 것인지 많이 고민했습니다. '프로그램의 구조'로 할 것인지 '프로그래밍 구조'로 할 것인지를 두고 말이지요.

'프로그램의 구조'로 한다면, 프로그램의 동작 방식에 관한 내용이 되겠지요. 하드디스크에 저장된 프로그램이 메모리로 어떻게 불려와서, CPU에서 어떻게 처리되는가, 이건 이것대로 관심 있는 사람이 많을 듯합니다.

반면에 '프로그래밍 구조'로 한다면, 소프트웨어 개발과 관련된 폭넓은 내용이 대상이 될 것입니다. 프로그래밍 언어나 개발 방법, 개발 도구, 프로그래머의 작업 방식 등 프로그래밍할 때 생각해야 할 점은 많이 있습니다.

이 책은 후자인 프로그래밍의 구조를 다룹니다. 프로그램이 어떻게 동작하는지가 아니라, 프로그래머가 어떻게 생각하고 어떻게 개발을 진행하는지, 개발할 때 어떤 용어를 알아둬야 하는지 등 프로그래밍에 관한 다양한 주제를 소개할 것입니다.

프로그래밍을 배우려 할 때 만나는 첫 번째 장애물로는 프로그래밍 언어가 있습니다. 프로그래밍 언어의 종류는 아주 많고, 만들고 싶은 것도 웹앱이나 데스크톱 앱, 스마트폰 앱 등 사람에 따라 다양합니다. 또한 실행 환경이 바뀌면 개발에 필요한 지식도 달라집니다.

프로그래밍을 직업으로 하는 경우에도 패키지 소프트웨어 개발이 중심인지, 위탁 개발이 중심인지, 혹은 웹서비스 개발이 중심인지에 따라 필요한 지식이 달라집니다.

새로운 기술이 계속 등장하는 문제도 있습니다. 최근에는 클라우드에 데이터를 저장하는 것이 당연해졌습니다. 이에 따라 네트워크 환경의 변화, 새로운 해킹 방법의 등장으로 인한 보안 등에 대한 폭넓은 지식이 필요합니다.

또 여러 사람과 일을 할 때는 전문 용어로 대화가 오고 갑니다. 자세한 내용은 업무나 실전을 통해서 몸에 익힐 수밖에 없지만, 업계에서 일반적으로 사용하는 말을 '들어본 적이 없다'고 해서는 대화를 따라갈 수 없습니다. 대략이라도 그 용어가 가리키는 '개요'나 '관련 지식'을 알고 있으면, 일단 대화를 따라갈 수는 있겠지요. 자세한 내용은 필요할 때 나중에 확인해 보면 됩니다.

지금까지 '지식'이라는 말을 많이 사용했지만, 프로그래밍은 암기 과목이 아닙니다. 어느 정도 지식을 채워 넣는다고 프로그래밍할 수 있게 되지는 않습니다.

"백문이 불여일견"이라는 말이 있지만, 프로그래밍도 누군가에게 배우는 것만으로는 할 수 없는 일입니다. 하물며 책만 읽고도 습득할 수 있다면, 프로그래밍에서 좌절할 사람은 세상에 없겠지요.

어쨌든 키보드로 소스 코드를 입력해 실제로 움직여 보고 에러가 발생하면 수정하는 과정을 반복해야 겨우 프로그래밍 입구에 설 수 있습니다.

이 책을 다 읽고 나면 꼭 관심이 있는 키워드에 대해 자세히 알아보세요. 그리고 실제로 손을 움직여 프로그램을 만들어 보세요.

이 책에서 설명하는 용어는 프로그래밍에 관한 기술의 일부분입니다. 사실 프로그래밍을 하다 보면 더 많은 전문 용어를 만납니다. 또 새로운 용어가 등장할 수도 있습니다.

하지만 완전히 새로운 지식이 필요한 경우는 거의 없습니다. 대개는 과거에 등장한 기술이 조금 바뀌었을 뿐이고, 지금까지 드러난 문제점을 해결하기 위해서 조금 개량된 것입니다.

그 차이를 이해하기 위해서라도 프로그래밍의 역사나 과거의 기술을 배우는 것은 중요합니다. 지금 하는 일과 관계없다는 이유로 넘겨버리지 말고 이런 기술도 있구나 라는 관점을 가져주셨으면 좋겠습니다. 물론 처음부터 순서대로 읽을 필요는 없습니다. 여러분이 궁금해하는 주제나 키워드부터 시작하여 조금씩 폭을 넓혀보시기 바랍니다. 이 책이 프로그래밍에 흥미를 가지는 계기가 되길 바랍니다.

마스이 토시카츠

역자 머리말

이 책은 프로그램 개발 과정 전반에 있는 다양한 주제를 소개합니다. 프로그래밍 환경, 관련 업계 및 업종, 소프트웨어 개발 공정, 개발 언어의 종류와 특징, 프로그래밍 방법, 객체 지향, 보안, 웹 동향 등 넓은 범위의 주제를 담고 있습니다. 각각의 개요를 항목별로 간단하게 설명하고 있어, 프로그래밍 업무의 전체상을 파악하는 데 유용합니다.

이처럼 프로그래밍 전반에 관련된 다양한 정보를 짧은 시간에 경험해 볼 수 있는 것은 이 책의 큰 장점입니다. 군데군데 예제 코드를 들어 설명을 보충하고 있지만, 프로그래밍 언어 학습이 목적이 아니라 많이 나오진 않습니다. 어느 정도 프로그램 개발 경험이 있는 사람에게는 체계적으로 지식을 정리하는 데 도움이 되고, 앞으로 개발 업무를 목표로 하는 사람에게는 전반적인 개발 공정의 흐름, 용어, 개념을 익혀 원활하게 개발을 진행할 수 있는 지식을 습득하는 데 도움이 됩니다.

프로그래밍 언어는 종류가 아주 많고, 사용되는 분야도 데스크톱 앱, 웹앱, 스마트폰 앱 등 다양합니다. 저자는 그런 다양한 개발 환경과 언어에 공통되는 개념을 가능한 한 쉬운 문장으로 그림을 곁들여 설명했습니다. 연산의 기본, 배열, 데이터 구조, 메모리 구조, 알고리즘, 예외 처리, 설계 및 테스트는 어떤 프로그래밍 언어로 개발하더라도 그 원리가 거의 같습니다.

구체적인 개발 환경이나 시스템 구축 방법론은 기술 발전과 시대에 따라 변화하고, 실행 환경에 따라 필요한 지식도 달라지지만, 완전히 이전과 다른 기술이 아닙니다. 이 책으로 프로그래밍과 개발 업무에 관해 큰 줄기를 잡아 놓는다면, 앞으로 어떤 기술이 등장하더라도 빠르게 핵심을 파악하는 힘이 될 것입니다.

끝으로, 번역 원고가 무사히 책으로 만들어지기까지 애써주신 영진닷컴과 편집자님께 깊이 감사드립니다. 고생하셨습니다! 이 책이 독자 여러분께 조금이나마 도움이 된다면 역자로서도 큰 보람이 될 것 같습니다. 감사합니다.

옮긴이 김성훈

차례

Ch 6) 웹 기술과 보안
웹 애플리케이션의 기반 기술을 이해한다

## Chapter 1

프로그래밍 기초 지식

우선 전체적인 모습부터 이해한다

≫ 프로그래밍을 둘러싼 환경

컴퓨터를 구성하는 요소

컴퓨터는 디스플레이나 키보드, 마우스 등 다양한 기기로 구성되어 있습니다. 이러한 물리적인 장치를 **하드웨어**라고 하는데, 동작에 필요한 것뿐만 아니라 케이스 등을 포함한 모든 물리적인 요소를 말합니다. 하드웨어 중에서도 컴퓨터 동작에 필요한 다섯 가지 장치를 **5대 장치**(그림 1-1)라고 합니다.

현대의 컴퓨터는 개인용 컴퓨터(이하 PC)나 스마트폰뿐만 아니라, 서버나 라우터 등 여러 가지가 있는데, 모두 이 5대 장치로 구성됩니다. 그러나 컴퓨터는 하드웨어만으로는 작동하지 않습니다. Windows나 macOS, Android, iOS 등의 **OS**(기본 소프트)에 더해 웹사이트를 볼 수 있는 웹브라우저, 음악 재생이나 카메라 기능, 계산기나 메모, 문서 작성이나 표 계산 등의 **애플리케이션**(이하 앱)이 필요합니다.

이러한 하드웨어 이외의 부분은 영어 hard의 반댓말인 soft를 사용해 **소프트웨어**라고 합니다(그림 1-2). 같은 하드웨어라도 다른 소프트웨어를 설치하면, 완전히 다르게 사용할 수 있습니다.

세상에는 음악 플레이어나 디지털 카메라 등 하드웨어와 소프트웨어가 일체가 된 제품도 있습니다. 하드웨어는 완성 후에 문제가 발견되었을 경우에 변경이 곤란하지만, 소프트웨어 오류라면 수정한 프로그램을 배포함으로써 변경할 수 있는 경우가 있습니다.

소프트웨어와 프로그램의 차이

OS나 앱 등 소프트웨어는 실행 파일인 **프로그램**과 매뉴얼 등의 자료, 데이터 등으로 구성됩니다. 프로그램에는 실행 파일과 라이브러리(6-2절 참조) 등이 있습니다. 프로그래밍이란 '프로그램을 작성하는 것'을 말하며, 프로그램을 작성하는 사람을 프로그래머라고 합니다.

그림1-1 5대 장치

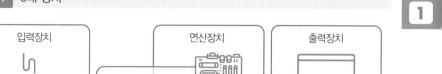
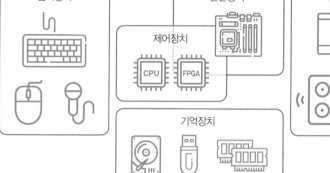

그림1-2 하드웨어와 각종 소프트웨어의 관계

✔ 컴퓨터의 동작을 이해할 때, 5대 장치로 나누어 생각하면 각각의 역할을 알기 쉽다.

✔ 소프트웨어에는 OS와 애플리케이션이 있다.

✔ 프로그램은 소프트웨어의 일부이며, 실행 파일과 라이브러리 등이 포함된다.

≫ 프로그래밍이 동작하는 환경

PC가 있어야 사용할 수 있는 앱

PC를 사용할 때 많은 사람이 이용하는 앱으로 웹브라우저나 문서 작성 소프트웨어, 표 계산 소프트웨어 등이 있습니다. 이것들은 **데스크톱 앱**이라고 불리며 PC에서 동작합니다(그림 1-3).

데스크톱 앱은 프로그램이 PC에 설치되어 있을 뿐만 아니라, 데이터도 PC에 저장해서 사용합니다. 따라서 다른 PC에서 같은 프로그램이나 데이터를 사용하려면, 데이터를 복사하거나 프로그램을 설치하는 작업이 필요합니다.

데스크톱 앱은 PC에 연결된 하드웨어를 제어할 수 있습니다. 음악 재생 소프트웨어는 스피커를 사용하고 문서 작성 소프트웨어는 프린터를 사용하듯이, 하드웨어를 다루려면 데스크톱 앱이 필수입니다.

또, 네트워크에 접속되어 있지 않아도 사용할 수 있다는 특징도 있습니다.

인터넷에 접속하면 어디서든 사용할 수 있는 앱

최근 증가하고 있는 것이 인터넷상에서 제공되는 서비스라고 할 수 있습니다. 페이스북이나 트위터 같은 SNS뿐만 아니라 아마존이나 쿠팡 같은 쇼핑 사이트, 구글이나 네이버 같은 검색 서비스 등은 사업자가 준비한 웹서버 상에서 동작합니다.

이런 인터넷 접속이 전제되는 앱을 **웹앱**이라고 합니다. 웹앱을 사용하려면 웹브라우저 등의 소프트웨어가 필요합니다(그림 1-4).

스마트폰 성능을 최대한으로 발휘할 수 있는 앱

요즘은 PC를 사용하지 않고 스마트폰으로 정보를 수집하는 사람도 많습니다. PC가 아닌 스마트폰에서 동작하는 앱이 **스마트폰 앱**입니다.

스마트폰에 장착된 GPS 기능과 카메라, 네트워크, 센서 등의 하드웨어를 활용해 게임을 비롯한 많은 앱이 제공되고 있습니다.

그림1-3 데스크톱앱과 스마트폰앱의 특징

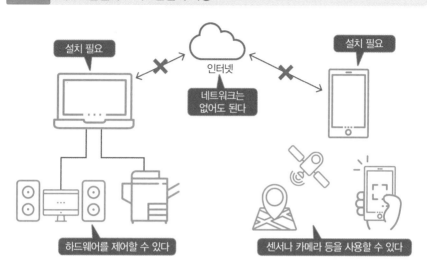

그림1-4 웹앱의 특징

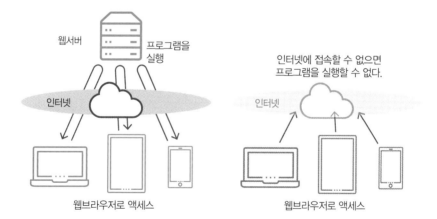

Point

✔ 데스크톱 앱을 사용하면, PC의 하드웨어를 활용할 수 있다.

✔ 웹앱은 웹브라우저를 이용하기 때문에 다른 PC나 스마트폰에서도 사용할 수 있지만, 인터넷 접속이 전제가 된다.

✔ 스마트폰 앱은 스마트폰에 있는 편리한 하드웨어를 활용할 수 있다.

≫ 누가 프로그램을 만드는가?

직업으로서 프로그램을 만드는 사람

프로그래머하면 떠오르는 게 직업으로서 프로그램을 만드는 사람입니다. 이들은 **직업 프로그래머**라고 불리며 프로그램을 개발해 수입을 얻습니다.

업무에 필요한 소프트웨어를 개발하는 사람도 있는가 하면, 고객으로부터 의뢰받은 소프트웨어를 개발하는 사람도 있습니다. 이들은 일하는 시간에 따라 대가를 받는 근로방식이 일반적입니다. 외주로 일하는 사람도 많아, **다중 하청 구조가 문제되는 경우도 있습니다**(그림 1-5).

한편, 웹앱과 같이 많은 사람이 서비스로서 이용하는 소프트웨어나 패키지를 개발하는 사람도 있습니다. 일하는 시간에 관계없이 서비스 이용료나 판매량에 따라 대가를 얻을 수 있습니다.

취미로 프로그램을 만드는 사람

프로그램을 만드는 사람은 직업 프로그래머뿐만이 아닙니다. 학생들이 프로그램을 만들어 공개하는 경우도 있고, 다른 일을 하면서 취미로 프로그램을 만드는 사람도 있습니다.

주말이나 밤시간 등에 프로그램을 만드는 것을 즐기는 사람들은 **취미 프로그래머**라고 할 수 있을 것입니다. 프리 소프트웨어로 불리는 무료 프로그램을 만들어 공개하는 사람이나, 오픈 소스 소프트웨어(OSS)와 같이 소스 코드도 공개해 세상에 도움이 되려고 생각하는 사람도 있습니다.

사무 작업을 자동화하는 사람

프로그래머라는 직종이 아니더라도 사무 담당자가 간단한 프로그램을 만들 수도 있습니다. Excel 등의 표 계산 소프트웨어에서 수작업으로 번거로운 처리를 여러 번 반복해야 할 경우에 자동화하면 순식간에 처리할 수 있습니다.

최근 주목받는 것이 RPA(Robotic Process Automation)입니다(그림 1-6). 전용 툴로 PC 작업을 기록하여 손쉽게 자동화할 수 있습니다.

그림 1-5	시스템 개발의 다중 하청 현상

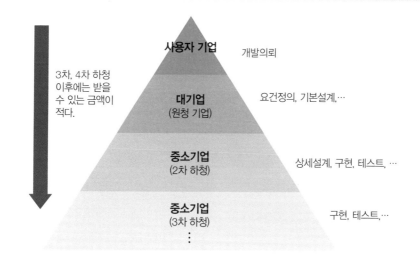

그림 1-6	RPA와 지금까지의 자동화와의 차이점

	RPA	Excel(VBA)	셸스크립트	프로그래밍	데스크톱 자동화
대상범위	거의 뭐든지 가능	Excel만 (매크로 기록의 경우)	커맨드라인만	뭐든지 가능	PC만
난이도	보통	쉬움	보통	어려움	쉬움
비용	보통	저가	저가	고가	저가
속도	보통	저속	보통	고속	보통

Point

✔ 프로그래머에는 업무적으로 프로그래밍하는 직업 프로그래머뿐만 아니라, 취미 프로그래머도 존재한다.

✔ 직업 프로그래머 중에서는 다중 하청구조로 인해 대기업 이외에는 그다지 많은 금액을 받을 수 없는 것이 문제가 될 수도 있다.

✔ 프로그래밍을 할 수 없어도 전용 툴을 사용하여 자동화하는 것이 가능해지고 있다.

≫ 프로그래밍에 관한 업계의 차이

고객의 시스템을 개발하는 업계

시스템 개발 사업자는 몇 가지 업계로 분류됩니다(그림 1-7).

기업에서 사용하는 시스템에는 재고 관리나 경리, 근태 관리 등 많은 앱이 필요합니다. 기업마다 요구하는 기능이 달라 독자적인 앱으로 구성되는 경우가 적지 않습니다. 이런 앱들은 서로 연계하면서 동작해야 하므로, 시스템 전체를 고려한 설계 및 개발을 해야 합니다. 이러한 업무를 맡아서, 설계·개발·운용을 담당하는 기업을 SIer(System Integrator)라고 부릅니다.

시스템을 안정적으로 가동하는 것이 중요하므로, 많은 기업에서 사용된 실적이 있는 기술이나 시스템을 사용하는 경우가 일반적입니다.

자사에서 제공할 서비스를 개발하는 업계

페이스북이나 트위터 등의 SNS, 아마존이나 쿠팡 같은 쇼핑 사이트 등 웹으로 서비스를 제공하는 기업은 직접 소프트웨어를 개발하는 것이 일반적입니다(그림 1-8의 '정보처리서비스업').

이런 웹 관련 서비스를 개발하는 기업은 **웹 계열**로 분류가 됩니다. 이 업계에는 새로운 기술을 적극적으로 도입해 가는 기업이 많다는 특징이 있습니다.

특정 업무에 특화된 소프트웨어를 개발하는 업계

소프트웨어는 PC나 스마트폰에서만 사용되는 것이 아닙니다. TV, 에어컨, 냉장고, 밥솥 등 우리가 사용하는 가전 제품 등에서도 많은 소프트웨어가 사용되고 있습니다. 이들은 **임베디드 계열**로 분류됩니다. 또한 게임기 등도 하드웨어의 성능을 최대한 활용하는 개발이 요구됩니다.

연하장 작성 소프트웨어나 문서 작성 소프트웨어, 표 계산 소프트웨어처럼 많은 사람이 사용하는 소프트웨어는 제품으로 제공되기도 합니다. 이러한 소프트웨어를 개발하는 제조사는 **패키지 벤더**라고 불립니다.

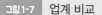 **그림1-7** 업계 비교

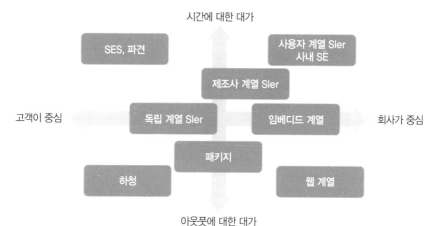

그림1-8 IT 기업(IT 제공 전)의 IT 인재수 추계 결과

민간기업 데이터베이스 등록 데이터에서			본조사 결과
업종세분류명칭	기업수	종업원수	IT 인재 추계
수탁개발소프트웨어업	17,043	859,500	655,780
패키지 소프트웨어업	745	77,392	50,290
임베디드 소프트웨어업	1,845	56,348	34,918
정보처리서비스업	2,478	211,979	125,476
전자계산기제조업	412	26,719	7,341
정보기록물 제조업	611	15,168	4,164
전기기계기구도매업	7,823	218,319	60,031
합계	30,957	1,465,425	938,000

출전: 정보처리추진기구 'IT인재백서 2019'

Point

✔ 기업에서 사용되는 시스템 전체를 그 기업에 맞게 시스템을 설계, 개발하는 기업을 SIer라고 하며, 독립 계열이나 제조사 계열, 사용자 계열이 존재한다.

✔ 웹으로 서비스를 제공하는 기업을 웹 계열이라고 하며, 새로운 기술을 도입하는 기업이 많다.

≫ 프로그램 개발에 관한 직종의 차이

고객과의 조정에서부터 설계까지 담당하는 사람 //////////////////////////////

프로그램은 혼자서 만들 수 있는 간단한 것부터 규모가 큰 것까지 다양합니다. 대규모 소프트웨어의 경우 여러 명이 팀을 이루어 개발합니다.

이 때 전원이 프로그램을 작성하는 것은 아닙니다(그림 1-9). 특히 고객과의 조정이나 설계 작업 등 상류 공정을 중심으로 전체를 담당하는 사람을 **SE**(시스템 엔지니어)라고 합니다. SE는 고객의 업무를 이해하면서도 **시스템 전체에 대한 폭넓은 지식**이 필요합니다. 또 고객과의 커뮤니케이션 능력도 중요합니다.

실제로 프로그램을 작성하는 사람 //////////////////////////////////////

설계서를 바탕으로 실제로 프로그램을 개발하는 사람을 **프로그래머**라고 합니다. 프로그래머는 프로그래밍 언어나 알고리즘 등에 정통하고 **고품질의 프로그램을 작성할** 수 있어야 합니다.

소프트웨어 개발 전체를 총괄하는 사람 //////////////////////////////////

소프트웨어 개발은 프로젝트 단위로 진행됩니다. 이 프로젝트를 관리하는 것이 **PM**(프로젝트 매니저)입니다. 예산이나 인원, 스케줄 등을 관리하여 **원활하게 개발이** 진행되도록 조정합니다. 조직에 따라서는 **프로덕트 매니저** 등의 직책이 주어지기도 합니다(그림 1-10).

완성된 소프트웨어가 바르게 동작하는지 확인하는 사람 //////////////////////

개발한 소프트웨어에 오류가 포함되는 것을 피할 수는 없습니다. 이 때문에 제품으로 공개하기 전에 테스트라고 불리는 작업을 합니다. 이를 담당하는 사람이 **테스터**입니다. 실제로는 프로그래머가 겸임하기도 합니다.

그림1-9 소프트웨어 개발 흐름과 담당하는 직종

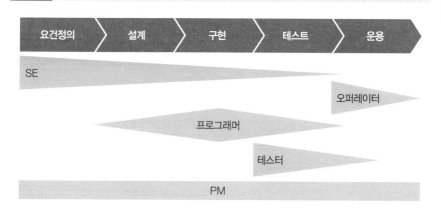

그림1-10 엔지니어의 커리어 패스

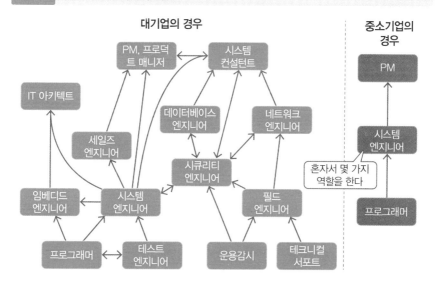

Point

✔ 소프트웨어 개발에는 프로그래머뿐만 아니라 SE와 PM, 테스터 등 많은 사람이 관여한다.

✔ 큰 기업이라면 프로그래머에서부터 SE, PM으로 나뉘어 있는 경우가 많지만, 작은 기업에서는 이를 겸임하기도 한다.

≫ 프로그래머의 근무 형태

거래처 상주 근무 형태로 많이 쓰이는 계약 형태

SIer에서 일하는 사람 중에는 그 기업에 소속되지 않은 사람도 있습니다. 협력업체에서 파견된 사람들로, '파트너' 등으로 불리기도 합니다. 기본적으로 거래처 사무실 등에 상주하며 기술을 제공합니다.

이 경우, 다양한 계약 형태가 있으며 소프트웨어 업계에서 많이 사용되고 있는 것은 **SES**(소프트웨어 엔지니어링 서비스)입니다(그림 1-11). **준위임 계약**이라고도 불리며, 정해진 시간 동안 근무하는 계약을 할 뿐으로 업무의 완성은 요구되지 않습니다. 그 대신 작업 보고서 등을 제출함으로써 보수가 지급됩니다. 개발한 소프트웨어에 하자가 있어도 하자 보증책임은 없습니다. 또 지휘 명령이 가능한 것은 수주자뿐이라는 점에 주의가 필요합니다.

고객의 회사에 소속된 사원처럼 근무한다

SES와 마찬가지로 정해진 시간 동안 일할 것을 계약하고, 업무의 완성이 요구되지 않는 근로 형태로 **파견**이 있습니다. 하자 보증책임이 없는 것은 SES와 동일하지만, 발주자가 지휘 명령할 수 있기 때문에 그 회사의 사원처럼 일합니다.

파견하는 사업자에게는 파견업의 허가가 필요합니다.

책임은 따르지만, 근무 방식의 제한이 적은 형태도 있다

업무의 완성을 약속하고, 결과에 대해서 보수를 지불하는 형태로 **도급** 계약이 있습니다. 하자 보증 책임이 있으며, 진행 방법이나 일하는 시간과 관계없이 고정 금액으로 계약됩니다. 고객의 사무실에서 일할 필요도 없으므로, 자택 등에서 개발하고 완성 단계에서 성과물을 제출하는 경우도 적지 않습니다.

견적보다 단기간에 개발할 수 있다면 높은 단가를 얻을 수 있는 한편, 예상외로 시간이 걸리는 경우에는 이익이 줄어들 가능성도 있습니다.

그림 1-11 SES와 파견의 근무 방식의 차이

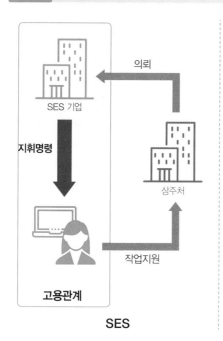

SES

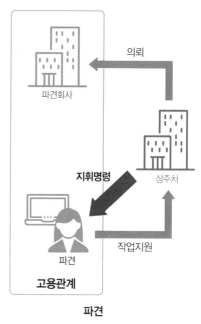

파견

그림 1-12 SES, 파견, 도급에서 발생하는 트러블 사례

예	내용
위장도급	계약서에서는 '업무위탁계약'을 체결하고, 실제로는 노동자를 파견하는 자. 발주자(상주처)로부터 업무 지시나 명령을 직접 받을 경우, 위장도급의 가능성이 높다.
이중파견	파견회사로부터 받은 파견사원을 다른 기업에 파견하는 것. 노동자의 급여가 중간 마진으로 인해 줄어들 수도 있다. 이중으로 파견한 기업뿐만 아니라 근로자를 공급받은 기업도 처벌된다.

Point

✔ SES와 파견은 근로방식은 비슷하나 지휘명령이 가능한 회사가 다르다.

✔ SES나 파견의 경우는 개발한 소프트웨어에 대한 하자보장 책임이 없으나, 도급의 경우는 발생한다.

≫ 소프트웨어 개발 공정

요구 분석과 요건 정의

소프트웨어를 개발하기 전에 소프트웨어로 실현하고자 하는 내용을 정리할 필요가 있습니다. 고객이 시스템화에서 요구하는 사항이나 현재 문제로 느끼는 점 등을 정리하는 일을 **요구 분석**(요구 정의)이라고 합니다.

요구 분석을 통해 고객의 요구를 알아낼 수 있다면, 실현 가능성을 포함해서 판단하고 비용 측면 등도 고려한 후 소프트웨어로 구현할 범위를 고객과 조정하여 결정합니다. 이것을 **요건 정의**라고 합니다. 요건 정의에서 구현할 품질이나 범위를 정해 두지 않으면 요구 사항이 나중에 자꾸 추가되어 개발이 끝나지 않게 됩니다.

즉, 요구 분석은 고객 측의 요구 사항을 정리하는 것, 요건 정의는 개발 측에서 구현할 것을 문서로 작성하는 단계라고 할 수 있습니다(그림 1-13).

설계는 두 개의 단계로 나뉘어진다.

요건을 정의하고 나면 그 내용을 바탕으로 어떤 소프트웨어로 구현할지 생각합니다. 이를 **설계**라고 하고, 크게 기본 설계(외부 설계)(그림 1-14)와 상세 설계(내부 설계) 2개의 단계로 나눌 수 있습니다.

기본 설계에서는 이용자의 시점에서 화면 구성이나 각종 서류, 취급하는 데이터, 다른 시스템과의 통신 방법 등을 결정합니다. 한편, 상세 설계에서는 개발자의 시점에서 내부 동작이나 데이터 구조, 모듈 분할 방법 등을 생각합니다.

일반저으로는 기본 설계에서 What을, 상세 설계에서 IIow를 생각한다고 보면 됩니다.

개발과 테스트

설계 후에는 실제 프로그래밍 언어를 사용하여 소스 코드를 작성하고 실행 환경을 정비합니다. 이것을 **개발(구현)**이라 하며 코딩이나 서버 설치 등을 하게 됩니다. 구현 후에는 개발한 소프트웨어의 동작을 확인하는 **테스트**가 이루어집니다. 자세한 것은 5장에서 설명합니다.

그림1-13 요구 분석과 요건 정의

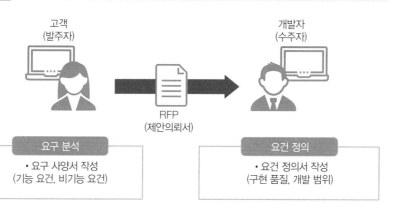

고객
(발주자)

개발자
(수주자)

RFP
(제안의뢰서)

요구 분석

• 요구 사양서 작성
(기능 요건, 비기능 요건)

요건 정의

• 요건 정의서 작성
(구현 품질, 개발 범위)

그림1-14 기본 설계(외부 설계) 사례

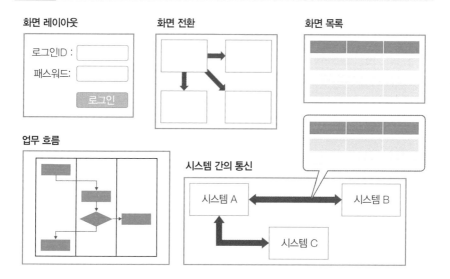

화면 레이아웃

로그인ID :
패스워드:
로그인

화면 전환

화면 목록

업무 흐름

시스템 간의 통신

시스템 A

시스템 B

시스템 C

Point

✔ 고객 측의 요구를 정리하는 것을 요구 분석이나 요구 정의라고 하고, 개발 측이 구현하려는 것을 문서로 작성하는 것을 요건 정의라고 한다.

✔ 기본 설계에서는 이용자 시점에서 생각하는 반면, 상세 설계에서는 개발자 시점에서 생각한다.

≫ 소프트웨어 개발의 흐름

대규모 프로젝트에 많이 사용되는 워터폴

그림 1-9에 기재한 바와 같이 소프트웨어 개발에는 요건 정의, 설계, 구현, 테스트, 운용과 같은 큰 흐름이 있습니다. 이 흐름을 따라 개발을 진행하는 것을 **워터폴**이라고 합니다. 폭포가 흐르듯 개발이 진행된다고 해서 붙여진 이름이며, 금융기관 등의 대규모 프로젝트에 사용됩니다

구현이나 테스트 공정에 와서 설계 단계에서의 실수나 누락을 알게 되면 수정이 힘들어지기 때문에, 재작업할 일이 생기지 않도록 상류 공정에서 주의 깊게 확인하고 문서 등을 정비한 후에 개발이 진행됩니다.

사양 변경에 유연하게 대응할 수 있는 애자일

웹 시스템 개발 등에서는 세상의 변화가 심하기 때문에, 사양을 명확하게 정하기가 어렵고 기능 추가나 변경 등이 빈번하게 발생합니다. 이런 경우에 워터폴로는 대처하기가 어렵기 때문에, 최근에는 좀 더 유연하게 대처하기 쉬운 **애자일**이라는 개발 기법이 사용되게 되었습니다.

요건 정의에서 릴리스까지의 사이클을 작은 단위로 반복하면 사양 변경에 임기응변으로 대처할 수 있을 뿐만 아니라, 문제가 발생한 경우에도 신속하게 대처할 수 있습니다(그림 1-15). 이 때, 그림 1-16과 같은 방법을 구사해서 개발을 진행합니다.

다만, 워터폴과 비교하면 처음 견적과는 비용이나 일정이 큰 폭으로 달라질 우려가 있습니다. 또, 변경이 반복되므로 개발자의 동기 저하, 프로젝트 지연 등의 리스크도 있습니다.

애자일과 비슷한 방법으로 **스파이럴**이라고 하는 개발 기법도 있습니다. 설계와 프로토타입(시제품)을 반복해서 개발하는 기법으로, 시제품을 만들어 의뢰자도 완성된 이미지를 확인할 수 있습니다. 다만, 의뢰자의 요구가 많아지면 시제품만 만들다가 기간 내에 완성되지 않을 가능성도 있습니다.

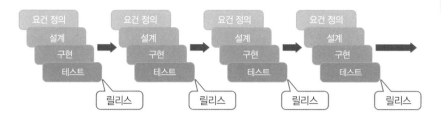

그림1-15 애자일

그림1-16 애자일에서 사용되는 기법의 예

스크럼
• 견적 포커(플래닝 포커) • 스프린트 계획 • 데일리 스크럼 • 스프린트 리뷰 ⋮

XP
• 테스트 주도 개발 • 리팩토링 • CI / CD

FDD
• 마일스톤 • 기능 세트 진척 리포트 ⋮

린
• 제약 조건 이론 ⋮

RUP
• 유스케이스 주도 • UML ⋮

그림1-17 애자일 소프트웨어 개발 선언

공정과 도구보다 **개인과 상호작용**을

포괄적인 문서보다 **작동하는 소프트웨어**를

계약 협상보다 **고객과의 협력**을

계획을 따르기보다 **변화에 대응**하기를 가치 있게 여긴다.

출전: 애자일 소프트웨어 개발 선언(URL: https://agilemanifesto.org/iso/ko/manifesto.html)

Point

✔ 대규모 프로젝트에서는 개발의 재작업을 방지하기 위해 워터폴형 기법을 이용하는 경우가 많다.

✔ 애자일 개발에서는 사이클을 짧게 할 뿐만 아니라, 방법이나 사고방식이 워터폴과 다르다.

≫ 개발(구현) 공정에서 할 일

소스 코드를 입력한다 //

설계서를 바탕으로 소스 코드를 입력해 소프트웨어를 개발하는 공정을 **코딩**이라고
합니다. 웹사이트를 제작할 때 HTML이나 CSS를 작성하는 것을 코딩이라고 부르
기도 하는데, 여기서는 프로그래밍의 한 공정을 말합니다.

코딩할 때 한꺼번에 전체 소스 코드를 모두 입력하지는 않습니다. 먼저 작은 프로그
램을 만들고 구현한 내용이 제대로 동작하는지 확인합니다. 그리고, 또 조금 기능을
추가해서 동작을 확인하는 과정을 반복합니다(그림 1-18).

어떻게 진행하는지는 사람에 따라서 다릅니다. 종이에 흐름도나 UML을 쓰고 나서
소스 코드를 입력하는 사람도 있고, 곧바로 키보드를 두드려 소스 코드를 입력하는
사람도 있습니다. 기존의 소스 코드를 복사해 거기에서 필요한 부분만 잘라내서 만
드는 사람도 있습니다. 같은 사람이라도 구현하는 내용에 따라 이들을 적절하게 사
용합니다.

실행·운용 환경 구축 //

소프트웨어 개발 공정에서 개발(구현) 단계는 코딩 이외에 **환경 구축**도 필수입니다.
웹앱이라면 실행을 하기 위해선 웹서버가 필요합니다. 스마트폰 앱이라면 개발 환경
뿐만이 아니라, 실제로 동작시킬 기기(실제 기기)가 필요하고, 개발 환경이 없는 경
우는 개발 환경 구축도 물론 필요합니다.

이러한 환경의 준비나 구축을 생각하면, 개발 규모에 따라 관련되는 사람이나 역할
도 달라집니다. 혼자서 작은 소프트웨어를 취미로 만드는 경우와 대기업에서 큰 시
스템을 만드는 경우는 생각하는 것과 작업량이 다릅니다.

혼자라면 다 알아서 할 수 있지만(해야 하지만), 대기업에서는 각자 역할을 분담합니
다. 이 책에서는 주로 그림 1-19의 중심에 있는 프로그래머들이 실시하는 작업에 대
해 소개하고 있습니다.

그림1-18 코딩 절차

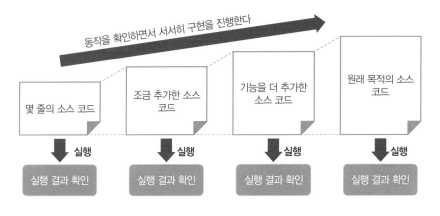

동작을 확인하면서 서서히 구현을 진행한다

| 몇 줄의 소스 코드 | 조금 추가한 소스 코드 | 기능을 더 추가한 소스 코드 | 원래 목적의 소스 코드 |

실행 → 실행 결과 확인

실행 → 실행 결과 확인

실행 → 실행 결과 확인

실행 → 실행 결과 확인

그림1-19 개발 공정에 관련된 엔지니어

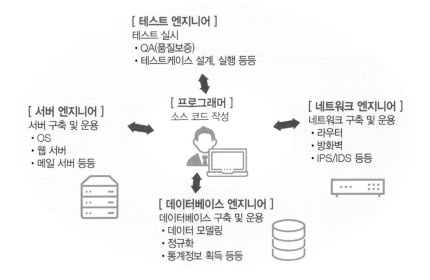

[테스트 엔지니어]
테스트 실시
• QA(품질보증)
• 테스트케이스 설계, 실행 등등

[서버 엔지니어]
서버 구축 및 운용
• OS
• 웹 서버
• 메일 서버 등등

[프로그래머]
소스 코드 작성

[네트워크 엔지니어]
네트워크 구축 및 운용
• 라우터
• 방화벽
• IPS/IDS 등등

[데이터베이스 엔지니어]
데이터베이스 구축 및 운용
• 데이터 모델링
• 정규화
• 통계정보 획득 등등

Point

✔ 코딩할 때는 단번에 전체를 구현하는 것이 아니라, 조금씩 동작을 확인하면서 진행한다.

✔ 구현 공정에서는 프로그래머 이외에도 다양한 직종이 역할을 분담한다.

≫ 팀으로 개발하는 여러가지 방법

여러 사람이 공동으로 프로그램을 만드는 페어 프로그래밍 ////////////////////

프로그램을 혼자서 개발하다 보면, 기술 부족으로 예상 이상으로 시간이 걸리거나 자기중심적으로 구현되는 경우가 있습니다. 착각이나 실수도 일어나서 리뷰 단계에 이르러서 문제가 발견되는 경우도 적지 않습니다.

그래서 2명 이상의 프로그래머가 한 대의 컴퓨터를 사용해 공동으로 프로그램을 작성하는 방법을 **페어 프로그래밍**이라고 합니다(그림 1-20). 동시에 작업함으로써 다른 사람의 의견이 추가되어 **소스 코드의 품질이 향상**되고 초보자에 대한 **교육 효과**가 있는 등의 장점이 있습니다.

다만 두 사람의 능력에 차이가 있으면 항상 한쪽만 의견을 말하는 형태가 되어, 고객 쪽에서 보면 한 사람은 게으름 피우는 것처럼 보일 수도 있습니다.

참가자 전원이 공유할 수 있는 몹 프로그래밍 ////////////////////////

페어 프로그래밍을 발전시킨 형태로 **몹 프로그래밍**이 있습니다. "몹"은 군중을 뜻하는 말로, 얻을 수 있는 효과는 페어 프로그래밍과 동일하지만, 참가자 전원이 문제점을 공유할 수 있다는 특징이 있습니다. 그래서 어떤 사람에게 지식이 집중되어 그 사람이 없어지면 일이 진행되지 않게 되는 속인화를 막을 수 있고, 경우에 따라서는 효율을 높일 수 있습니다.

주목받는 평가 방법 //////////////////////////////////////

상사와 부하가 1 대 1로 하는 대화 방법으로서 최근 주목받는 것이 **1on1**입니다(그림 1-21). 평가 면담 등과는 달리 짧은 사이클로 정기적으로 실시하는 것이 특징이고, 부하의 현황과 고민, 애로사항 등을 들으며 부하의 능력을 끌어내는 것을 목적으로 진행됩니다.

피드백을 신속하게 함으로써 동기 향상 등으로 이어지는 것도 기대됩니다.

그림1-20 페어 프로그래밍

그림1-21 1on1 기법

	평가면담	1on1
목적	달성도 확인, 평가	개선점 확인, 모티베이션 상승
내용	목표 내용 및 평가 결과 피드백	티칭, 코칭 등
빈도	반기, 사반기에 한 번	주단위, 월단위 등
소요시간	비교적 길다	단시간
스타일	상사로부터의 지시, 지적	자유로운 대화, 부하의 성장을 촉진한다

상사·인사부 등이 주역

부하·멤버가 주역

Point

✔ 페어 프로그래밍과 몹 프로그래밍을 통해 혼자서 개발하는 것보다 품질 향상과 교육 효과를 높일 것으로 기대된다.

✔ 1on1에 의해 지금까지의 면담보다 효과적으로 부하의 기술 향상과 일에 대한 모티베이션 향상, 성장의 촉진 등이 기대된다.

≫ 개발한 프로그램 공개하기

무료로 사용할 수 있는 소프트웨어 //

인터넷상에 공개되는 등 무료로 이용할 수 있는 소프트웨어를 **프리 소프트웨어**나 **프리웨어**라고 부릅니다. 다운로드해서 사용할 수 있을 뿐만 아니라, CD나 DVD 형태의 부록으로 배포되기도 합니다.

무료로 제공되므로 OS 등의 환경이 일치하면 누구나 사용할 수 있지만, 소프트웨어의 저작권은 개발자에게 귀속되니 주의해야 합니다. 프리웨어라고 해도 허가 없이 변경하거나 판매할 수 없습니다. 또, 타인의 소스 코드를 유용해 프리웨어로 공개해도 안 됩니다(그림 1-22).

프리웨어 사용 시 주의할 점으로는 동작을 보증하지 않는 점을 들 수 있습니다. 학생이 취미로 만들거나 개발자가 자신이 사용하려고 만든 소프트웨어를 선의로 공개하는 경우도 있어, 오류가 있어도 반드시 수정된다고는 할 수 없습니다.

일시적으로 무료로 사용할 수 있는 소프트웨어 //////////////////////////////

처음에는 무료로 사용할 수 있지만, 일정한 사용 기간이 끝난 후에도 계속 사용하려면 값을 지불해야 하는 소프트웨어가 있습니다. 이런 방식의 소프트웨어를 **셰어웨어**라고 합니다. 무료 사용 기간 중에는 기능을 제한하거나 광고를 표시하고, 값을 지불한 후에 기능 제한이나 광고를 해제하는 방법이 자주 사용됩니다.

소프트웨어를 개발·배포하는 사람이나 학생 등 특정 조건에 해당하는 사람에게 우대 제도를 도입하는 경우도 있습니다.

스마트폰 앱의 표준적인 배포 방법 //////////////////////////////////////

스마트폰 앱의 경우 **앱스토어**를 통해 공개하는 것이 일반적입니다(그림 1-23). iOS의 경우 앱스토어, 안드로이드의 경우 구글 플레이에 공개하는 것이 많은 사람들의 눈에 띕니다. 과금 시스템도 준비되어 있기 때문에, 유료 앱도 쉽게 공개할 수 있게 되어 있습니다.

그림1-22 자신이 개발한 프리 소프트웨어 등을 공개할 때 주의할 점

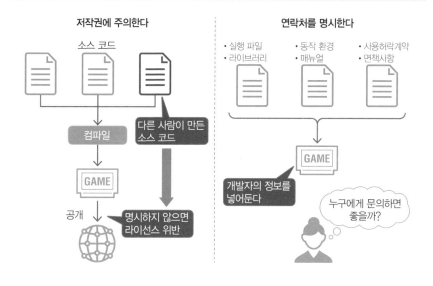

저작권에 주의한다

소스 코드

컴파일

다른 사람이 만든
소스 코드

GAME

공개

명시하지 않으면
라이선스 위반

연락처를 명시한다

• 실행 파일   • 동작 환경   • 사용허락계약
• 라이브러리   • 매뉴얼   • 면책사항

GAME

개발자의 정보를
넣어둔다

누구에게 문의하면
좋을까?

그림1-23 스마트폰 앱은 앱스토어를 통해서 배포한다

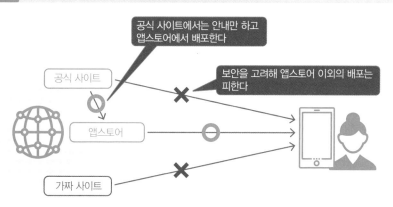

공식 사이트에서는 안내만 하고
앱스토어에서 배포한다

보안을 고려해 앱스토어 이외의 배포는
피한다

공식 사이트

앱스토어

가짜 사이트

Point

✔ 프리웨어라도 저작권은 개발자에게 있으나, 프리웨어를 개발자가 배포할 때 타인
이 만든 소스 코드를 유용하지 않았는지 확인한다.

✔ 스마트폰 앱을 배포할 때는 각 OS의 앱스토어를 사용한다.

≫ 프로그래밍 학습 방법

어느 시대에도 변하지 않는 책의 중요성 //

프로그래밍뿐만 아니라 새로운 것을 배울 때 **책**을 사용하는 사람들이 많습니다. 인터넷으로도 무료로 많은 정보를 얻을 수 있지만, **체계적으로 정리**되어 있는 책은 귀중합니다(그림 1-24). 또한 편집이나 교정 등이 이루어져 블로그 등에 비해 일정 수준의 정확성도 보장됩니다.

IT에 관한 서적은 전자책으로 공개되는 것도 많아, 원하는 책이 있으면 바로 다운로드해서 읽을 수도 있습니다. 많이 사도 자리를 차지하지 않으며, PC나 스마트폰, 태블릿 등 전자책 단말기만 있으면 수십 권, 수백 권이라도 장소를 가리지 않고 읽을 수 있습니다. 전자책 중에는 복사&붙여넣기 할 수 있는 것도 있어, 프로그래머에게는 도움이 되는 요소입니다.

콘텐츠가 증가하는 동영상 //

인터넷 회선이 빠른 속도로 바뀌어, 이제 **동영상**으로도 부담없이 공부할 수 있게 되었습니다. 프로그래밍을 배울 때, 툴의 사용법 등은 문자 정보인 책보다 **조작 순서를 간단하게 이해할 수 있는** 동영상이 편리합니다.

동영상을 보면서 손을 움직여 실제로 동작을 시험할 수 있고, 일시 정지나 재생 속도를 조정하면서 자신의 수준에 맞추어 학습할 수 있습니다.

IT 엔지니어에게 친숙한 스터디 모임 //

전혀 지식이 없는 사람은 혼자 공부하는 것이 어렵습니다. 프로그래밍을 대학 수업에서 배운 사람도 적지 않지만, 전문가에게 부담 없이 질문할 수 있는 프로그래밍 전문 **교육기관**도 등장했습니다.

IT 엔지니어들은 **스터디 모임**(그림 1-25)이나 콘퍼런스에 참가를 많이 합니다. 유료·무료를 불문하고 많은 이벤트가 개최되고 있고, 다른 기업의 엔지니어와 대화함으로써 스킬뿐만 아니라 동기부여 향상으로도 이어집니다.

그림1-24 IT 서적의 장르

프로그래머, 엔지니어용	
프로그래밍	머신러닝
네트워크	서버
데이터베이스	하드웨어 개발
데이터 과학	자격시험

등등

크리에이터용
이미지 편집
DTP
디자인 작업
동영상 편집

등등

일반용
Word, Excel
Windows
홈페이지 만들기
인터넷 비즈니스

등등

그림1-25 스터디 모임 스타일

세미나 형식

누군가는 길게 얘기를 하고 다른 사람은 듣기만 한다 .

각자 공부 형식

테이블에 둘러앉아 각자 자신이 좋아하는 공부를 한다.

LT(Lightning Talk) 형식

발표자는 5분 정도면 교대하므로 청강자는 다양한 이야기를 들을 수 있다.

Point

✔ 프로그래밍을 배울 때 서적뿐만 아니라 동영상 등 선택의 폭이 넓어졌다.

✔ IT 쪽에서는 스쿨이나 스터디 모임 등 다른 사람과 공부하는 환경도 증가하고 있다.

한번 해보요

사용하는 소프트웨어에 관해 조사해 보자

우리가 사용하는 소프트웨어에 대해 알아봅시다

평소에 사용하는 소프트웨어라도 '어떤 회사가 개발했고 어떤 기술을 사용했는가?' '비즈니스 모델이 어떤 것인가?'를 의식하는 일은 별로 없습니다.

무료로 사용할 수 있는 소프트웨어나 웹 서비스라도 개발에는 비용이 들어갑니다. 어느 정도의 인원으로 개발됐고, 어떤 스케줄로 출시되고 있는지 알면 그 개발 규모 나 개발 스타일을 상상할 수 있습니다.

이러한 관점에서 조사해 보면, '그 회사의 경쟁사는 어디인가?' '일할 때 어떤 업계가 자신에게 적합한가?'를 정리할 수 있어, 프로그래머로서 취직이나 이직에 도움이 됩니다.

정보가 공개되지 않은 기업도 있지만, 꼭 조사해 보세요.

소프트웨어에 대해서

	소프트웨어 이름	개발업체	비슷한 기능이 있는 소프트웨어
(예)	Word	Microsoft	Google Document, Pages
(1)			
(2)			
(3)			

개발하는 기업에 대해서

	기업명	사원수	매출액	비즈니스 모델
(예)	주식회사 NTT 데이터	11,310명 [1]	2조 2668억엔 [2]	공공, 금융, 법인용 시스템 개발 등
(1)				
(2)				
(3)				

※1 2019년 3월 기준 / ※2 2020년 3월 기준

프로그래밍 언어의 차이

각각의 언어별 특징과 코드를 비교한다

≫ 컴퓨터가 처리할 수 있는 형태로 변환한다

프로그래밍에 사용되는 파일 //

인간은 한국어나 영어(자연 언어)로 쓰인 문장을 읽고 그 내용을 이해할 수 있습니다. 그림이나 표를 사용하면 더욱더 알기 쉽고 직감적으로 이해할 수 있는 설계서가 되겠지요. 하지만, 우리가 작성한 문장이나 설계서를 그대로 넘겨주면 컴퓨터는 처리할 수가 없습니다. 그래서 처리하고 싶은 내용을 컴퓨터가 이해할 수 있는 언어(기계어)로 기술할 필요가 있습니다(그림 2-1).

인간이 직접 기계어를 사용하기는 어려우므로, 인간이 일상에서 사용하는 자연어보다 기계어로 변환하기 쉬운 프로그래밍 언어를 사용합니다. 소프트웨어 개발은 프로그래밍 언어의 문법에 따라 **소스 코드**를 작성하여 이루어집니다.

프로그래밍 언어로 쓰인 소스 코드를 컴퓨터가 처리할 수 있는 기계어 프로그램으로 변환해야 합니다. 이 프로그램의 파일 형식을 **실행 파일**이라고 부릅니다.

이렇게 소스 코드를 작성해 프로그램을 생성하는 작업이 프로그래밍입니다. 프로그래밍에는 설계서를 작성하는 작업이나 프로그램의 동작을 확인하는 테스트, 오류(버그)를 제거하는 디버깅이 포함되기도 합니다.

프로그램으로 변환하는 방법 //

소스 코드를 프로그램으로 변환할 때, **컴파일러와 인터프리터**라는 두 가지 방법이 있습니다(그림 2-2). 컴파일러는 사전에 소스 코드를 프로그램으로 일괄 변환해 두었다가 실행 시 프로그램을 처리하는 방법입니다. 문서를 번역하는 것처럼 사전에 변환해 놓음으로써 실행 시 빠르게 처리할 수 있습니다.

인터프리터는 실행하면서 소스 코드를 변환하는 방법으로, 통역하는 것처럼 말하는 사람 옆에서 한 문장씩 번역한 말을 전달하는 이미지입니다. 처리에 시간이 걸리지만, 예상한 대로 동작하지 않았을 때 조금 수정하고 다시 실행하는 작업을 쉽게 할 수 있습니다.

그림 2-1 인간의 언어와 컴퓨터의 언어

그림 2-2 컴파일러와 인터프리터

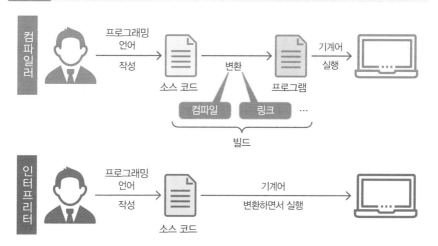

✔ 인간이 익숙한 자연 언어는 컴퓨터가 이해할 수 없고, 컴퓨터가 다룰 수 있는 기계어는 인간이 이해하기 어렵기 때문에 프로그래밍 언어가 사용된다.

✔ 프로그래밍 언어로 쓰여진 소스 코드를 컴퓨터가 실행하는 방법으로 컴파일러와 인터프리터라는 두 가지 방법이 있다.

>> 사람과 컴퓨터가 이해하기 쉬운 표현

컴퓨터가 직접 처리할 수 있는 저수준 언어

컴퓨터에서 사용하는 언어는 '컴퓨터에 가까운가 인간에 가까운가'를 기준으로 분류할 수 있습니다(그림 2-3). 컴퓨터가 직접 처리할 수 있는건 기계어 뿐입니다. 컴퓨터 내부에서 2진수로 처리하므로 기계어는 0과 1이 나열되지만, 인간이 조금이라도 알아보기 쉽게 16진수로 표현하기도 합니다.

다만, 16진수도 여전히 인간이 이해하기는 힘들기 때문에, 어셈블리 언어가 사용되었습니다. 어셈블리 언어는 기계어와 1 대 1로 대응하며 영어처럼 표현되어 있어 인간도 읽기 쉽습니다.

어셈블리 언어로 작성된 소스 코드를 기계어로 변환하는 것을 어셈블, 변환하는 프로그램을 어셈블러라고 합니다. 어셈블리 언어를 어셈블러라고 부르기도 합니다.

이 기계어나 어셈블리 언어와 같이 컴퓨터에 가까운 언어를 **저수준 언어**(저급 언어)라고 합니다.

인간이 읽기 쉬운 고수준 언어

어셈블리 언어로도 인간이 읽을 수 없는 것은 아니지만, 대규모 프로그램을 작성할 때는 기술할 코드의 양이 많아져 구현하기가 번거롭습니다. 또, 기계어를 기술하는 방법이 하드웨어에 따라 다르기 때문에, 다른 제조사의 컴퓨터에서 동작시키려면 소스 코드를 처음부터 고쳐 쓸 필요가 있습니다.

그래서, 인간이 읽고 쓰기 쉬운 문법으로 된 프로그래밍 언어를 고안해 그 소스 코드를 기계어로 변환하는 메커니즘을 생각하게 되었습니다. 이러한 인간에 가까운 언어를 **고수준 언어**(고급 언어)라고 합니다. 고수준 언어는 한 번 작성한 소스 코드를 다른 하드웨어용으로 변환(이식)하는 작업도 용이합니다(그림 2-4).

최근에는 다른 하드웨어나 OS에서도 그대로 프로그램을 실행할 수 있는 **크로스 플랫폼**을 지원하는 언어도 등장하고 있습니다.

그림 2-3 고수준 언어와 저수준 언어

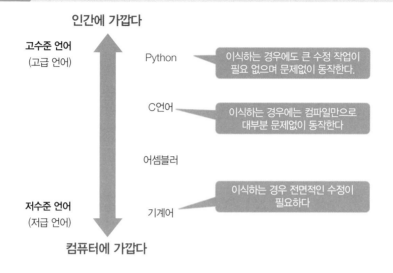

인간에 가깝다

고수준 언어
(고급 언어)

Python — 이식하는 경우에도 큰 수정 작업이 필요 없으며 문제없이 동작한다.

C언어 — 이식하는 경우에는 컴파일만으로 대부분 문제없이 동작한다

어셈블러

저수준 언어
(저급 언어)

기계어 — 이식하는 경우 전면적인 수정이 필요하다

컴퓨터에 가깝다

그림 2-4 이식의 예

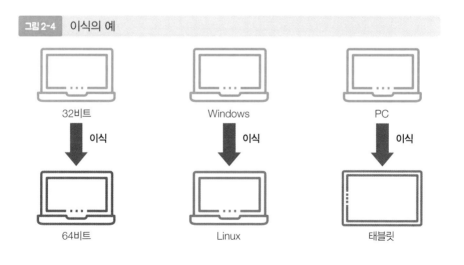

32비트 → 이식 → 64비트

Windows → 이식 → Linux

PC → 이식 → 태블릿

Point

✔ '저수준 언어(저급 언어)' '고수준 언어(고급 언어)'라는 말을 사용하지만, 언어의 수준이 낮거나 높다는 의미는 아니다.

✔ 다른 하드웨어에 이식할 경우, 고수준 언어 쪽이 변환 작업이 덜 번거롭다.

≫ 프로그래밍 언어의 분류

처리 순서를 고려하는 절차형 \\

어떤 프로그래밍 언어로 작성해도 결국은 기계어로 변환해야 하지만, '대규모 프로그램을 작성할 때 보수하기 쉽다', '간단히 조금 시험하고 싶다', '처리 속도를 추구하고 싶다' 등의 여러 가지 이유로 새로운 언어가 만들어지고 있습니다. 이 때문에, 세상에는 수많은 프로그래밍 언어가 존재하게 되었습니다.

프로그래밍 언어는 그 언어가 설계된 '사고방식'에 따라 크게 분류할 수 있는데, 이것을 **프로그래밍 패러다임**이라고 합니다. 예전부터 사용된 **절차형**이라는 분류는 처리의 '절차'를 생각하는 방법이라고 할 수 있습니다.

절차형 프로그래밍 언어에서는 실행할 일련의 처리를 묶어 절차를 정의하고, 이 절차를 호출하면서 처리를 진행합니다(그림 2-5). 프로그래밍 언어에 따라서는 이 절차를 함수나 서브루틴, 프로시저 등으로 부르기도 합니다.

데이터와 조작을 하나로 묶는 객체 지향 \\\\\\\\\\\\\\\\\\\\\\\\\\\\\\\\\\\

절차형에서는 정의된 절차를 호출함으로써 한 번 작성한 코드를 몇 번이든 간단하게 사용할 수 있지만, 소스 코드 어디에서나 절차를 호출할 수 있게 두면, 대규모 프로그램에서는 문제로 이어질 가능성이 있습니다.

또한, 호출 순서를 틀리거나 필요한 순서가 누락되거나 제멋대로 데이터가 수정되는 등의 오류가 발생했을 때, 그 영향을 받는 범위를 조사하기도 어려워집니다.

그래서 **객체 지향**이라는 개념이 등장했습니다. '데이터'와 '조작'을 하나로 묶은 것을 객체(오브젝트)라고 하는데, 미리 준비한 방법을 통해서만 객체 내부에 있는 데이터에 액세스 할 수 있습니다(그림 2-6).

이로써 다른 처리에 보일 필요가 없는 데이터나 조작을 숨기고 필요한 조작만 공개하여, 잘못된 방법으로 사용되거나 제멋대로 데이터가 수정되는 등의 오류 발생을 방지합니다.

그림 2-5 절차형 프로그래밍

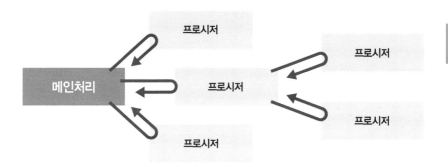

그림 2-6 객체 지향 프로그래밍

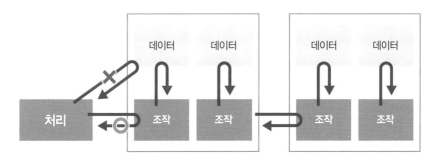

그림 2-7 절차형 언어와 객체 지향 언어의 예

절차형	객체 지향형
BASIC, C언어, COBOL, Fortran, Pascal 등	C++, Go, Java, JavaScript, Objective-C, PHP, Python, Ruby, Scratch, Smalltalk 등

Point

✔ 절차형은 오래 전부터 사용되어 온 언어이지만, 최근에는 객체 지향 언어가 많아지고 있다.

✔ 객체 지향에서는 데이터와 조작을 통합하여 다루므로, 보수성이 높아질 것으로 기대되고 있다.

≫ 선언형 프로그래밍

상태를 변화시키지 않는 함수형 //

절차형과 객체 지향으로 개념은 다르지만 모두 컴퓨터에 '순서'를 지시하므로, '명령형' 프로그래밍 언어로 분류할 수 있습니다. 명령형 프로그래밍 언어에서는 '어떻게' 처리하는지에 주목합니다.

그에 비해, 그 처리가 '무엇인가'에 주목하는 선언형 프로그래밍 언어로 불리는 분류가 있습니다(그림 2-8). 선언형 프로그래밍 언어는 절차를 기술하는 것이 아니라, 컴퓨터에 '정의'를 전달하고 컴퓨터는 그 정의를 해석해서 동작합니다.

선언형 프로그래밍 언어 중에서도 자주 사용되는 것으로 **함수형** 프로그래밍 언어가 있습니다. 단, 함수형이라는 용어에 명확한 정의가 있는 것은 아니며, 함수의 조합으로 기술해 나가는 스타일을 가리키는 것이 일반적입니다.

명령형 프로그래밍 언어에서도 함수(절차)를 사용하지만, 명령형 언어가 상태를 획득, 변화시키면서 처리하는 반면에 함수형 언어는 상태를 사용하지 않는 함수를 정의합니다(그림 2-9). 상태에 관계없이 같은 입력에 대해서는 항상 같은 결과를 얻을 수 있기 때문에 테스트가 용이합니다.

또한 함수도 데이터로 취급할 수 있으므로, 함수에 데이터로서 함수를 전달함으로써 함수의 정의와 적용에 의해 처리를 표현하고 통일된 스타일을 실현할 수 있습니다. 이러한 사고방식은 객체 지향에서 데이터와 조작을 통합하는 개념과는 차이가 있다고 할 수 있습니다.

진위를 중심으로 생각하는 논리형 //

선언형 중에는 **논리형**이라고 불리는 프로그래밍 언어도 있습니다. 오래 전부터 인공지능 연구에 이용된 Prolog는 논리형 언어의 대표적인 존재라고 할 수 있습니다(그림 2-10). 논리형 프로그래밍 언어는 논리식을 사용하여 관계를 정의합니다. 이 관계는 술어라고 불리며, 참이나 거짓 중 하나의 값만을 가집니다. '조건을 만족시키는 것을 찾는다'는 사고방식은 완전히 새로운 관점이지만, 처리 속도 문제 등도 있어 현재는 실무에서 많이 사용되지 않는 것이 현실입니다.

그림 2-8 명령형과 선언형

명령형	선언형
• **절차형** • **객체 지향**	• **함수형** • **논리형**

그림 2-9 절차형과 함수형 사고방식의 차이

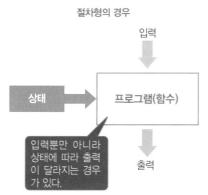
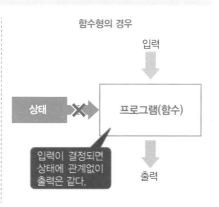

절차형의 경우

입력

상태 ➡ 프로그램(함수)

입력뿐만 아니라 상태에 따라 출력이 달라지는 경우가 있다.

출력

함수형의 경우

입력

상태 ✕ 프로그램(함수)

입력이 결정되면 상태에 관계없이 출력은 같다.

출력

그림 2-10 함수형과 논리형 언어의 예

함수형	논리형
Clojure, Elixir, Haskell, LISP, OCaml, Scheme 등	Prolog 등

Point

✔ 절차형. 객체 지향 이외에도 함수형이나 논리형으로 불리는 언어가 있다.

✔ 함수형 언어에서는 입력이 결정되면 같은 출력을 얻을 수 있다는 것 외에 함수도 데이터와 동일하게 취급한다는 특징이 있다.

» 가볍게 쓸 수 있는 프로그래밍 언어

즉시 실행할 수 있는 스크립트 언어 \\

작은 크기의 프로그램을 손쉽게 작성하기 위해 사용되는 프로그래밍 언어를 **스크립트 언어**라고도 합니다. 파일을 조작하거나 여러 명령어를 연속으로 실행할 때 사용되는 셸 스크립트, 주로 웹브라우저에서 실행되는 JavaScript나 VBScript, 웹앱에서 많이 사용되는 PHP나 Perl, Ruby, Python 등도 스크립트 언어로 분류됩니다.

일반인에게 배포하는 프로그램과는 달리, 개발자 자신의 편리를 위해서 만드는 작은 프로그램이나 웹브라우저로 접속하는 웹앱과 같은 프로그램에서 사용됩니다(그림 2-11).

자동 처리에 사용하는 매크로 \\

수작업을 자동화할 목적으로 사용되는 프로그램을 **매크로**라고 부르기도 합니다. Word나 Excel 등의 오피스 소프트웨어를 조작하는 VBA에서는 마우스로 조작해서 기록 및 실행을 할 수 있으며, 에디터나 브라우저 등을 조작하는 WSH 등의 경우 JavaScript나 VBScript 등의 언어로 기술합니다.

텍스트 에디터에서도 독자적인 언어를 실행하는 경우가 있어, 자동화뿐만 아니라 일반 프로그래밍에 사용할 수 있는 경우도 있습니다. 예를 들어, Emacs라고 하는 텍스트 에디터에서는 Emacs Lisp라는 언어를 사용해 여러 가지 확장 기능이 구현되어 있습니다.

구조에 의미를 부여하는 마크업 언어 \\\

바르게 쓰인 문장은 사람이 보면 의미를 알 수 있지만, 컴퓨터는 그 의미를 이해하기 어렵습니다. 그래서 제목이나 강조 등 문장 구조를 컴퓨터에 알려주는 언어로서 **마크업 언어**가 있습니다.

예를 들어, 웹페이지 표현에 사용되는 HTML에서는 태그라고 불리는 기호로 요소를 감싸는 방식으로 기술하여, 링크나 이미지 등을 나타냅니다(그림 2-12).

그림 2-11　스크립트 언어의 특징

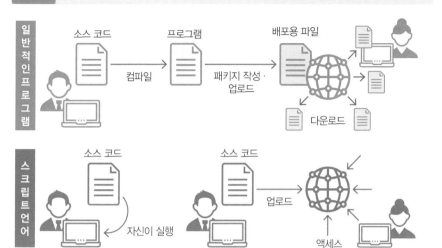

일
반
적
인
프
로
그
램

소스 코드　프로그램　배포용 파일

컴파일　패키지 작성·업로드

다운로드

스
크
립
트
언
어

소스 코드　소스 코드

업로드

자신이 실행

액세스

그림 2-12　HTML의 예

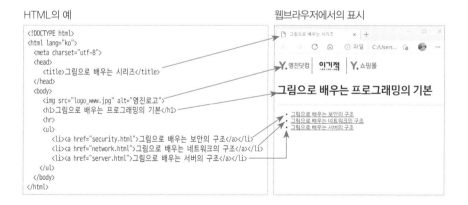

HTML의 예

```
<!DOCTYPE html>
<html lang="ko">
  <meta charset="utf-8">
  <head>
    <title>그림으로 배우는 시리즈</title>
  </head>
  <body>
    <img src="logo_www.jpg" alt="영진로고">
    <h1>그림으로 배우는 프로그래밍의 기본</h1>
    <hr>
    <ul>
      <li><a href="security.html">그림으로 배우는 보안의 구조</a></li>
      <li><a href="network.html">그림으로 배우는 네트워크의 구조</a></li>
      <li><a href="server.html">그림으로 배우는 서버의 구조</a></li>
    </ul>
  </body>
</html>
```

웹브라우저에서의 표시

🔲 그림으로 배우는 시리즈　　×　+

←　C　☆　⌂　① 파일 | C:/Users...　⭐　🔵　⋯

Y.영진닷컴　**이기적**　Y.쇼핑몰

그림으로 배우는 프로그래밍의 기본

- 그림으로 배우는 보안의 구조
- 그림으로 배우는 네트워크의 구조
- 그림으로 배우는 서버의 구조

Point

✔ 작은 프로그램을 실행할 때는 스크립트 언어를 편리하게 사용할 수 있다.

✔ Word나 Excel 등에는 조작을 기록하는 매크로가 존재한다. 마우스로 조작하여 기록·실행할 수 있다.

✔ HTML과 같은 마크업 언어에서는 문서의 구조를 기술하여 컴퓨터에 지시할 수 있다.

≫ 프로그래밍 언어 비교 1

역사가 있는 C언어와 객체 지향이 더해진 C++ //////////////////////////////

오래전부터 많은 시스템 개발에 사용된 역사가 있는 언어로서 **C언어**가 있습니다(그림 2-13). 앱뿐만이 아니라, OS나 프로그래밍 언어 개발 등 폭넓은 분야에서 사용되어 왔습니다. 하드웨어에 가까운 부분을 다루기 위해서는 필수적인 언어라고 할 수 있습니다.

또, C언어에 객체 지향 기능 등을 더한 **C++**가 있습니다. C++ 컴파일러는 일반적으로 C언어로 된 소스 코드도 컴파일 할 수 있습니다. 지금도 마이크로컴퓨터(가전 제품 등)나 IoT 등과 같은 임베디드 계열 기기의 소프트웨어 개발이나 게임 개발 등에서 사용됩니다.

이용자가 많고 인기 있는 Java //

2000년경부터 계속 인기를 끌고 있는 언어로 **Java**가 있습니다(그림 2-14). 기업의 실무뿐만 아니라, 대학 수업 등에서도 사용되고 있어 이용자 수가 많은 것이 특징입니다.

JVM이라는 가상머신 상에서 프로그램을 실행하므로, JVM만 동작하면 어떤 환경에서도 이용할 수 있습니다. 기업의 기간계 시스템이나 웹앱 개발뿐만 아니라 Android 앱 개발에도 사용됩니다.

폭넓은 분야에서 사용되는 C# ///

Microsoft 사가 개발하여 Windows 앱(.NET Framework 앱) 등의 개발에 많이 사용되는 언어로 **C#**이 있습니다. C++와 Java에 가까운 문법으로 되어 있고, Visual Studio와 같은 통합 개발 환경을 무료로 사용할 수 있기 때문에 초보자도 배우기 쉬운 언어라고 할 수 있습니다.

GUI를 갖춘 앱 개발뿐만 아니라 최근에는 게임 개발에 사용되는 유니티에서도 대표적인 언어로 채택되었고, iOS나 Android 앱을 개발할 수 있는 Xamarin에 사용되는 등 폭넓은 분야에서 이용되고 있습니다.

그림 2-13 C언어의 예(문자열 안의 공백 수를 세는 프로그램)

> | **count_space.c**

```c
#include <stdio.h>

int count_space(char str[]){
    int i, count = 0;
    for (i = 0; i < strlen(str); i++)
        if (str[i] == ' ')
            count++;
    return count;
}

int main(){
    printf("%d\n", count_space("This is a pen."));
    return 0;
}
```

그림 2-14 Java의 예(문자열 안의 공백 수를 세는 프로그램)

> | **CountSpace.java**

```java
class CountSpace {
    private int countSpace(String str){
        int count = 0;
        for (int i = 0; i < str.length(); i++)
            if (str.charAt(i) == ' ')
                count++;
        return count;
    }

    public static void main(String args[]){
        CountSpace cs = new CountSpace();
        System.out.println(cs.countSpace("This is a pen."));
    }
}
```

Point

✔ 하드웨어를 조작할 필요가 있는 소프트웨어나 임베디드 기기에서 작동하는 소프트웨어 개발에는 현재도 C언어가 사용되고 있다.

✔ 다양한 환경에서 개발할 수 있는 언어로서 Java가 인기를 끌고 있다.

≫ 프로그래밍 언어 비교 2

즐겁게 개발할 수 있고 습득하기 쉬운 Ruby

일본에서 개발되고 세계적으로 인기 있는 프로그래밍언어로 Ruby가 있습니다(그림 2-15). '코딩하기 즐겁다'는 평가를 받고 있으며, 스트레스 없이 프로그래밍을 즐길 수 있는 언어로 배우기 쉽다고 알려져 있습니다.

Ruby on Rails라는 프레임워크(6-2절 참조)가 유명하며, 많은 웹앱 개발에 사용되고 있을 뿐만 아니라, 프로그래밍 교육 현장에서 사용되는 경우도 늘고 있습니다.

인기 급상승 중인 Python

데이터 분석 및 통계 등의 라이브러리가 풍부하며, 최근에는 머신러닝 등 인공지능 개발에도 많이 사용되고 있는 언어로 Python이 있습니다(그림 2-16). 다른 많은 언어와는 달리 들여쓰기의 깊이로 블록을 표현하는 것이 특징입니다.

또한 Raspberry PI 등 소형 컴퓨터에도 표준으로 탑재되거나 웹앱 개발에 사용되는 경우가 많아, 프로그래머들 사이에 인기가 급상승하고 있습니다. 많은 관련 서적이 잇달아 출간되고 있고, 자료도 많이 늘어나고 있습니다.

즉시 사용할 수 있는 PHP

많은 웹앱에서 사용하는 언어 중에 PHP가 있습니다. 임대 서버 등에서는 사전에 설치된 경우가 많아, 환경 구축의 번거로움이 적고 바로 사용할 수 있습니다.

HTML에 삽입하여 사용할 수 있을 뿐만 아니라, 웹앱 프레임워크가 풍부하게 제공되고 있어 손쉽게 동적인 웹페이지를 만들 수 있습니다. 초보자도 개발하기 쉬운 언어라서 개발자가 많고 정보의 양도 풍부합니다.

그림 2-15 Ruby의 예(문자열 안의 공백 수를 세는 프로그램)

```
> | count_space.rb
```

```ruby
def count_space(str)
    count = 0
    str.length.times do |i|
        if str[i] == ' '
            count += 1
        end
    end
    count
end

puts count_space("This is a pen.")
```

```
> | count_space2.rb (자주 사용되는 작성 방식)
```

```ruby
puts "This is a pen.".count(' ')
```

그림 2-16 Python의 예(문자열 안의 공백 수를 세는 프로그램)

```
> | count_space.py
```

```python
def count_space(str):
    count = 0
    for i in range(len(str)):
        if str[i] == ' ':
            count += 1
    return count

print(count_space("This is a pen."))
```

```
> | count_space2.py (자주 사용되는 작성 방식)
```

```python
print("This is a pen.". count(' '))
```

Point
✔ 최근의 웹앱 개발에서는 Ruby on Rails로 유명한 Ruby나 PHP가 많이 사용된다.
✔ Python은 데이터 분석과 통계, 머신러닝 등으로 시선을 끌고 있다.

≫ 프로그래밍 언어 비교 3

계속 주목받는 JavaScript

주로 웹브라우저 처리에 사용되는 언어로 **JavaScript**가 있습니다(그림 2-17).
JavaScript는 웹페이지를 전환하지 않고 동적으로 페이지의 내용을 고쳐 쓰거나 웹
서버와 비동기적으로 통신하기 위해서 자주 사용됩니다. 최근에는 JavaScript로 변
환해서 사용하는 **TypeScript**라는 언어도 주목을 받고 있습니다.

웹앱 개발에는 React나 Vue.js, Angular 등의 프레임워크가 주목을 받고 있어,
JavaScript나 TypeScript 지식뿐만 아니라 프레임워크에 관한 지식도 필요합니다
(6-2절 참조).

JavaScript가 사용되는 범위는 웹앱에 머물지 않습니다. Node.js를 이용한 웹서버
앱, Electron을 사용한 데스크톱 앱, React Native를 이용한 스마트폰 앱 등 다양
한 용도의 개발에서 사용이 증가하고 있습니다.

언어뿐만 아니라 JavaScript의 데이터 정의를 기반으로 다른 앱과 데이터를 주고받
기 위해서 JSON(JavaScript Object Notation)이라는 기법이 사용되기도 합니다.

텍스트 에디터와 웹브라우저만 있으면 개발을 시작할 수 있고, 학교에서 사용하는
교재로도 계속 채택되고 있어 앞으로도 계속 주목받을 언어임에 틀림없습니다.

간단한 처리를 자동화할 수 있는 VBScript와 VBA

Microsoft 사가 개발한 스크립트 언어로, Windows 환경이나 웹브라우저
(Internet Explorer)에서 간단한 처리를 기술할 수 있는 언어인 **VBScript**가 있습니
다(그림 2-18). 데스크톱 앱 개발에 많이 쓰인 Visual Basic을 바탕으로 만들어졌
으며, 초보자를 위한 언어로 많이 사용됩니다.

Word나 Excel 등에서 처리를 자동화 할 때 자주 사용하는 **VBA**(Visual Basic for
Applications)와 마찬가지로 간단한 수작업을 자동화하기 위해 사용되는 것이 일반
적입니다.

그림 2-17 JavaScript의 예(문자열 안의 공백 수를 세는 프로그램)

```
>| count_space.js

function countSpace(str){
    let count = 0
    for (let i = 0; i < str.length; i++) {
        if (str[i] == ' ') {
            count++
        }
    }
    return count
}

console.log(countSpace("This is a pen."))
```

```
>| count_space2.js(자주 사용되는 작성 방식)

console.log("This is a pen.".split(' ').length - 1)
```

그림 2-18 VBScript의 예(문자열 안의 공백 수를 세는 프로그램)

```
>| count_space.vbs

Option Explicit

Function CountSpace(str)
    Dim i, count
    For i = 1 To Len(str)
        If Mid(str, i, 1) = " " Then
            count = count + 1
        End If
    Next
    CountSpace = count
End Function

MsgBox CountSpace("This is a pen.")
```

Point

✔ JavaScript는 웹브라우저 측에서 처리를 실행하는 경우 뿐만 아니라, 웹서버 측이나 데스크톱 앱 등 다양한 개발에 사용된다.

✔ VBScript와 VBA는 Windows에서의 자동화 처리에 많이 사용된다.

≫ 어디서든 동작시킬 수 있게 하는 기술

처리 속도와 간편함의 양립을 목표로 하다

스크립트 언어는 손쉽게 실행할 수 있다는 특징을 살리기 위해 인터프리터 형식으로 처리할 수 있지만, 웹앱처럼 자주 실행되는 것을 생각하면 컴파일해 두는 것이 속도 면에서 유리합니다.

그래서 겉보기엔 순서대로 변환하면서 실행하는 것처럼 보이는 언어라도 실제로는 내부에서 컴파일 처리를 하는 경우가 증가하고 있습니다. 이러한 언어를 **JIT(Just In Time) 방식**이라 부르고, 처음 실행할 땐 처리에 시간이 걸리지만, 두 번째 이후로는 실행 속도가 빨라집니다.

이 때문에 최근에는 컴파일러냐 인터프리터냐를 기준으로 프로그래밍 언어를 분류하기가 어려워지고 있습니다. 같은 언어라도 인터프리터와 컴파일러를 모두 구현하는 언어도 적지 않습니다.

OS나 CPU에 의존하지 않는 형식

인터프리터 방식은 소스 코드 문법에 오류가 있더라도 실행하기 전까지는 알 수 없습니다. 그래서, 사전에 문법 체크나 구문 해석 등을 해서, 좀 더 기계어에 가까운 **바이트 코드**(중간 코드)를 생성하는 방법이 사용되기도 합니다(그림 2-19).

바이트 코드를 사용하면, 배포할 곳의 OS나 CPU에 맞춰 컴파일할 필요 없이 범용적인 형식으로 프로그램을 배포할 수 있습니다(그림 2-20).

이용 시에는 이 바이트 코드를 기계어로 변환하면서 실행하는 JIT 방식이 사용되는 것이 일반적입니다. 이러한 방법을 채용한 프로그래밍 언어로는 Java가 유명합니다. 컴파일해서 생성된 바이트 코드는 Java VM(가상머신)에서 실행됩니다. "Write Once, Run Anywhere"라는 말처럼 플랫폼에 의존하지 않고 실행할 수 있는 특징이 있습니다.

그 밖에도 Windows의 .NET Framework에서도 CIL이라고 불리는 중간 언어가 사용됩니다.

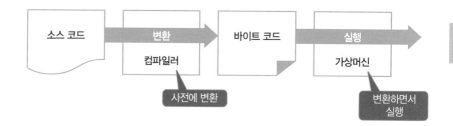

그림 2-19 바이트 코드의 동작

소스 코드 → **변환** 컴파일러 → 바이트 코드 → **실행** 가상머신 →

사전에 변환

변환하면서 실행

그림 2-20 바이트 코드의 장점

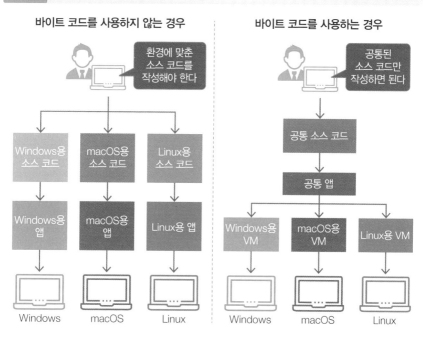

바이트 코드를 사용하지 않는 경우

환경에 맞춘 소스 코드를 작성해야 한다

Windows용 소스 코드 / macOS용 소스 코드 / Linux용 소스 코드

Windows용 앱 / macOS용 앱 / Linux용 앱

Windows / macOS / Linux

바이트 코드를 사용하는 경우

공통된 소스 코드만 작성하면 된다

공통 소스 코드

공통 앱

Windows용 VM / macOS용 VM / Linux용 VM

Windows / macOS / Linux

Point

✔ 인터프리터처럼 사용하는 언어라도 처음 실행할 때 내부에서 컴파일 처리를 하여 실행 속도를 빠르게 하는 경우가 있다.

✔ 바이트 코드를 사용하면, 배포처의 OS나 CPU에 맞춰 컴파일할 필요가 없어져 개 발자의 부담을 줄일 수 있다.

≫ 프로그래밍 언어 선택 방법

목적에 맞게 선택한다 //

프로그래밍을 배우거나 만드는 목적은 사람마다 다릅니다. '업무를 효율화하고 싶다' '소프트웨어를 판매해서 큰 부자가 되고 싶다' '새로운 서비스를 만들어 사회에 도움이 되고 싶다'고 하는 사람이 있는가 하면, '장래를 위해서 배워 두고 싶다'고 하는 사람도 있을 것입니다.

이처럼 어떤 목적을 실현하기 위한 수단으로서 프로그래밍이 있습니다. 즉, 목적을 달성할 수 있다면, 어느 언어를 선택해도 문제없습니다(그림 2-21). 사실은 만들고 싶은 내용이나 **실행 환경**이 정해지면, 선택할 수 있는 언어의 수는 어느 정도 줄어듭니다.

예를 들어, Windows 데스크톱 앱을 만들고 싶다면 C#이나 VB.NET, 아이폰 앱이면 Objective-C나 Swift, 서버에서 실행하는 웹앱이라면 PHP나 Perl, Excel 처리를 자동화하고 싶으면 VBA 등을 많이 사용합니다.

개발 규모에 따른 영향으로 결정한다 //////////////////////////////////////

웹앱을 만들고 싶다면 프로그래밍 언어 선택의 폭이 굉장히 넓습니다. 웹서버에서 콘솔 앱을 만들 수 있는 언어라면 기본적으로 어떤 언어든 구현이 가능하기 때문에, 그 조직이나 프로젝트에서의 스킬 등 **개발 규모**에 큰 영향을 받습니다.

예를 들어, '개발 멤버가 이 언어에 익숙한가?' '새로운 인원을 채용하기 쉬운가?' '문제가 발생했을 때 지원을 받을 수 있는가?' '자료가 풍부하게 준비되어 있는가?' 등 다양한 이유로 개발에 쓸 언어가 선택됩니다.

대규모 시스템에는 Java, 임대 서버 등에서 진행되는 중소규모 개발에는 PHP, 스타트업에는 Ruby(Ruby on Rails)나 Python, Go 등이 많이 사용됩니다. 그림 2-22와 같은 프로그래밍 언어의 인기 순위를 참고하는 방법도 있습니다.

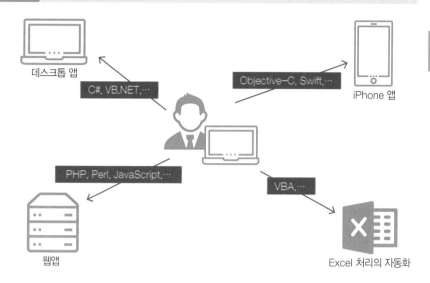

그림 2-21 목적에 맞게 선택한다

그림 2-22 프로그래밍 언어 인기 순위(2021년 6월 기준)

순위	언어	이용률
1	C	12.54%
2	Python	11.84%
3	Java	11.54%
4	C++	7.36%
5	C#	4.33%

순위	언어	이용률
6	Visual Basic	4.01%
7	JavaScript	2.33%
8	PHP	2.21%
9	Assembly	20.5%
10	SQL	1.88%

Point

✔ 어떤 프로그래밍 언어를 사용할지 망설여질 때는 만들고 싶은 내용이나 실행 환경부터 생각하는 편이 좋다.

✔ 조직이나 프로젝트 개발 규모 등에 따라 사용할 언어가 이미 정해지는 경우도 있다.

✔ 프로그래밍 언어의 인기 순위를 참고하는 방법도 있다.

2-11
표준 입력, 표준 출력, 오류 출력

» 입력과 출력

입력과 출력이 프로그램의 기본 //

프로그램이란 주어진 입력을 처리해서, 뭔가 출력을 하는 것으로 생각할 수 있습니다. 입력 여부에 관계없이 같은 결과를 얻을 수 있다면 프로그램을 만들 필요가 없습니다. 또한, 출력을 얻을 수 없다면 무엇 때문에 입력하는지 알 수 없습니다.

우리가 사용하는 프로그램도 그림 2-23처럼 모두 입력과 출력이 쌍으로 존재한다고 생각할 수 있습니다.

프로그램의 입력과 출력의 예로서 알기 쉬운 것은 키보드로부터의 입력을 처리해서, 처리 결과를 디스플레이에 표시하는 것입니다(그림 2-24). 간단한 프로그램이면 콘솔에서 입력하고, 처리 결과를 콘솔로 출력합니다(그림 2-25). 이처럼 콘솔에서의 키보드 입력이 **표준 입력**(STDIN), 디스플레이(콘솔) 출력이 **표준 출력**(STDOUT)으로 할당되어 있습니다.

프린터에 인쇄하는 프로그램의 경우는 입력은 파일이고, 출력은 프린터 인쇄입니다. 복수의 프로그램을 연계해서 작동하는 경우에는 다른 프로그램의 출력 결과를 입력으로 하고, 처리 결과를 다시 다른 프로그램에 넘겨주는 것도 있습니다.

이 표준 입력으로 파일이나 다른 프로그램 등을 할당하면 같은 프로그램으로(프로그램을 변경하지 않고) 어떤 입력도 처리할 수 있으며, 표준 출력에 파일이나 다른 프로그램 등을 할당하면 출력하는 곳을 바꿀 수 있습니다.

오류는 표준 오류로 출력한다 //

표준 입력과 표준 출력만으로는 오류가 생겼을 때 오류 메시지가 표준 출력으로 나가버립니다. 그래서, **오류 출력** 용도로 **표준 오류**(STDERR)가 준비되어 있습니다.

이로써, 오류가 있을 경우에 다른 파일 등으로 출력을 지정할 수 있습니다.

그림 2-23 입력과 출력

그림 2-24 표준 입출력

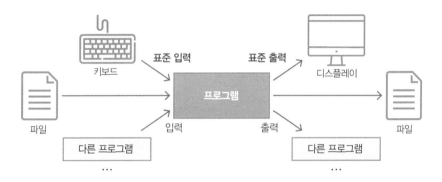

그림 2-25 콘솔에서의 표준 입력, 표준 출력의 전환

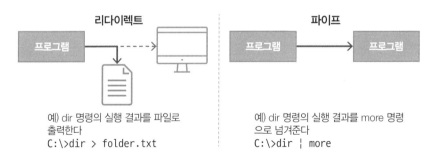

≫ 프로그램을 작성하는 환경

심플하고 빠르게 동작하는 에디터 //

소스 코드는 텍스트 형식이므로 Windows의 기본 '메모장'으로도 작성할 수도 있습니다. 하지만, 더욱 편리한 기능을 갖춘 **에디터**(텍스트 에디터)를 사용하는 것이 일반적입니다(그림 2-26).

에디터를 사용하면 소스 코드에서 등장하는 예약어 등에 색을 입혀 알기 쉽게 표현할 수 있을 뿐만 아니라, 검색 및 치환, 입력 자동 완성 등의 기능을 활용할 수 있습니다. 소스 코드의 입력 속도가 빨라질 뿐만 아니라 정확성도 높아집니다.

다음에 설명할 IDE나 RAD 툴보다 빠르게 실행되고 효율적으로 동작하므로, 많은 개발자가 사용하고 있습니다.

개발을 지원하는 기능이 풍부한 IDE //

에디터보다 더욱더 개발 지원 기능이 풍부한 소프트웨어로 **IDE**(통합개발환경)가 있습니다(그림 2-27). 소스 코드 작성뿐만 아니라 하나의 프로젝트에서 여러 개의 소스 코드를 한꺼번에 다룰 수 있고 디버깅이나 컴파일, 실행 등을 하나의 소프트웨어로 수행할 수 있습니다. 소스 코드 뿐만이 아니라 이미지 파일 등도 관리할 수 있고, 버전 관리 등의 기능을 갖춘 것도 있습니다. 에디터보다 부팅에 시간이 걸리지만, 초보자도 마우스로 조작할 수 있다는 장점이 있습니다.

GUI로 부품을 배치하는 RAD 툴 //

Windows 앱이나 스마트폰 앱에서 사용자는 마우스나 탭으로 버튼 등을 조작합니다. 이런 기능을 개발할 때도 GUI로 버튼이나 텍스트 영역을 배치할 수 있는 툴이 사용됩니다. 이런 툴을 **RAD**(Rapid Application Development)라고 하며, 소스 코드를 입력하는 것보다 빠르게 개발할 수 있어 많이 사용됩니다.

그림 2-26 에디터의 예

Visual Studio Code

Vim

그림 2-27 IDE의 예

XCode

Visual Studio

Point

✔ 소스 코드를 작성할 때 에디터나 IDE를 사용하면 효율적으로 개발할 수 있다.

✔ IDE는 풍부한 기능이 있지만 시작 시간이 걸리기 때문에, 간단한 프로그램은 에디터를 사용하면 편리하다.

한번 해봐요

> ### 커맨드라인 조작에 익숙해지자

프로그램을 작성할 때는 텍스트 에디터나 IDE만 사용하는 것이 아니라, 커맨드라인 조작이 필요한 상황이 적지 않습니다. 데스크톱 앱이나 스마트폰 앱 개발은 IDE만 으로 되는 경우도 요즘 많아지긴 했지만, 웹앱의 경우 Linux에 관한 지식은 필수입 니다.

Windows에서는 명령 프롬프트나 PowerShell의 커맨드, Linux나 macOS에서는 UNIX 계열의 커맨드를 미리 알아 두지 않으면 아무것도 조작할 수 없는 상황이 되 어 버립니다.

자신이 사용할 개발 환경에 맞는 커맨드를 실행해 파일이나 폴더를 조작해 보세요. 여기서는 윈도우의 명령 프롬프트에서 간단한 커맨드를 실행해 보겠습니다. 윈도우 '시작 버튼' → 'Windows 시스템' 메뉴에 있는 '명령 프롬프트'를 실행하고, 아래 굵 은 글씨 부분의 커맨드를 실행해 보세요.

```
C:\Users\xxx>cd C:                              ← 'C:\'로 이동
C:\>dir                                         ← 폴더 내의 파일 목록 표시
C:\>mkdir sample                                ← 'sample'이라는 폴더 생성
C:\>cd sample                                   ← 생성한 sample 폴더로 이동
C:\sample>echo print('Hello World') > hello.py  ← 샘플 Python 프로그램을 작성
C:\sample>type hello.py                         ← 작성한 프로그램의 내용을 확인
C:\sample>del hello.py                          ← 작성한 프로그램을 삭제
C:\sample>cd ..                                 ← 한 단계 상위 폴더로 이동
C:\>rmdir sample                                ← 생성한 폴더를 삭제
```

이처럼 폴더 이동이나 파일 작성, 삭제 등을 실행하는 커맨드를 알아 두기만 해도, 마우스를 사용하지 않고 다양한 조작을 할 수 있다는 것을 알 수 있습니다. 다른 명 령어나 위의 명령어 옵션 등에 대해서도 꼭 살펴 보세요.

수치와 데이터를
다루는 방법

어떻게 값을 다루는 것이 이상적일까?

≫ 컴퓨터에서 사용하는 숫자

일상생활에서 많이 사용하는 10진수 //

상품의 가격이나 물건의 길이 등을 표현할 때, 우리는 0~9의 10개의 숫자를 사용합
니다. 한 자리로 부족하면 10의 자리, 두 자리로 부족하면 100의 자리로 0~9의 숫자
를 사용하는 자리를 늘려갑니다. 이러한 수의 표현 방식을 **10진수**라고 합니다.

10진수가 쓰이는 것은 '인간의 손가락이 모두 열 개라서 수를 세기 쉽기 때문'으로 여
겨집니다.

컴퓨터에 편리한 2진수 //

컴퓨터는 전기적으로 작동하는 기계이므로 '온' '오프'로 제어하는 방법이 적합합니
다. 그래서, 0과 1의 2개의 값을 사용하는 **2진수**가 자주 사용됩니다. 10진수와 마찬
가지로 한 자리로 부족하면 자릿수를 늘려갑니다.

10진수와는 그림 3-1처럼 대응합니다. 이때 '10'이라고 쓰면 10진수의 10인지 2진수
의 10인지 모르기 때문에, 오른쪽 아래에 기수(하나의 자리에 사용될 값의 개수. 2진
수는 2, 10진수는 10이다)를 쓰는 것이 일반적이고, 10진수로 18은 2진수로 $10010_{(2)}$
처럼 나타냅니다. 2진수에서는 그림 3-2와 같은 덧셈과 곱셈 규칙이 있습니다. 이
규칙을 사용하면 10진수의 3×6은 2진수로는 $11_{(2)} \times 110_{(2)} = 10010_{(2)}$과 같이 계산할 수
있고, 그림 3-1에서 10진수 18을 구할 수 있습니다.

자릿수를 줄이기 위해 사용되는 16진수 //

이처럼 2진수로도 수를 표현할 수 있지만, 수가 커지면 자릿수가 급격히 늘어납니다.
예를 들어, 10진수의 255는 2진수에서는 $111111_{(2)}$로 8 자릿수가 됩니다. 또, 0과 1이
주르륵 많이 나열되어 있으면 인간이 이해하기 어렵기 때문에, 0~9의 숫자에 A, B,
C, D, E, F를 추가한 16개의 수를 사용해 나타내는 **16진수**가 자주 사용됩니다.

그림 3-1 10진수와 2진수, 16진수 대응표

10진수	2진수	16진수
0	0	0
1	1	1
2	10	2
3	11	3
4	100	4
5	101	5
6	110	6
7	111	7
8	1000	8
9	1001	9
10	1010	A
11	1011	B
12	1100	C
13	1101	D
14	1110	E
15	1111	F

10진수	2진수	16진수
16	10000	10
17	10001	11
18	10010	12
19	10011	13
20	10100	14
21	10101	15
22	10110	16
23	10111	17
24	11000	18
25	11001	19
26	11010	1A
27	11011	1B
28	11100	1C
29	11101	1D
30	11110	1E
31	11111	1F

그림 3-2   2진수의 연산

덧셈	곱셈	덧셈의 예	곱셈의 예
0 + 0 = 0 0 + 1 = 1 1 + 0 = 1 1 + 1 = 10	0 × 0 = 0 0 × 1 = 0 1 × 0 = 0 1 × 1 = 1	100 + 111 --------- 1011	11 × 110 --------- 11 11 --------- 10010

Point

✔ 10진수는 0~9까지 열 개의 숫자로 표현하지만, 2진수는 0과 1로 두 개, 16진수는 0~9에 A~F를 추가한 16개로 표현한다.

✔ 컴퓨터는 2진수로 처리를 하는데, 그대로 표시하면 자릿수가 많아지기 때문에 16진수로 표현하기도 한다.

≫ 2진수를 이용하는 처리

자리 올림이 존재하지 않는 논리 연산 \\

2진수도 10진수와 마찬가지로 덧셈이나 곱셈 등의 연산을 할 수 있었습니다. 그 외에 '0'과 '1'을 '거짓'과 '참'이라는 진릿값(논릿값)에 대응해서 연산에 사용하는 방법이 있습니다. 이를 **논리 연산**(부울 연산)이라고 합니다. 논리 연산에는 그림 3-3의 'AND 연산' 'OR 연산' 'NOT 연산' 'XOR 연산' 등이 있으며, 그 결과를 표로 정리한 것이 진릿값 표입니다(그림 3-4). AND, OR, XOR 연산은 a나 b라는 2개의 값에 대해, NOT 연산은 어떤 값에 대해 각각 결과를 얻을 수 있습니다. 컴퓨터 회로도를 표현할 때는 논리회로의 회로 기호를 사용합니다. 논리회로에는 위에서 소개한 논리 연산에 대응하는 기호가 있으며, MIL 기호라고도 불립니다.

자리 단위로 처리하는 비트 연산 \\\

논리 연산은 자리 올림이 발생하지 않기 때문에, 각 자리에서 처리할 수 있습니다. 모든 비트에 대한 논리 연산을 한꺼번에 실시하는 방법으로 **비트 연산**이 있습니다.

◆ 예) 10010 AND 01011 = 00010, 10010 OR 01011 = 11011

또한 비트 연산에는 AND, OR, NOT, XOR 외에도 **시프트 연산**이 자주 사용됩니다. 이름 그대로 자리를 시프트(이동)하는 연산으로 왼쪽 시프트의 경우는 모든 비트를 왼쪽으로, 오른쪽 시프트의 경우는 모든 비트를 오른쪽으로 이동합니다(그림 3-5). 2진수의 특징상 왼쪽으로 1비트 시프트하면 값이 2배로, 오른쪽으로 1비트 시프트하면 값이 절반이 됩니다. 시프트 연산은 비트를 이동할 뿐이므로 계산해서 2배를 하거나 2로 나누는 것보다 고속으로 처리할 수 있습니다. 예를 들어, 3배할 때는 1비트 왼쪽 시프트(2배)한 것과 원래의 수를 더하면 되고, 6배할 때는 1비트 왼쪽 시프트(2배)한 것과 2비트 왼쪽 시프트한 것(4배)을 더하기만 하면 됩니다.

그림3-3 | 논리 연산

논리곱(a AND b)

논리합(a OR b)

논리부정(NOT a)

배타적 논리합(x XOR b)

Chapter
3

그림3-4 | 진릿값 표

AND 연산(a AND b)

a ＼ b	0(거짓)	1(참)
0(거짓)	0(거짓)	0(거짓)
1(참)	0(거짓)	1(참)

OR 연산(a OR b)

a ＼ b	0(거짓)	1(참)
0(거짓)	0(거짓)	1(참)
1(참)	1(참)	1(참)

NOT 연산(NOT a)

a	NOT a
0(거짓)	1(참)
1(참)	0(거짓)

XOR 연산(a XOR b)

a ＼ b	0(거짓)	1(참)
0(거짓)	0(거짓)	1(참)
1(참)	1(참)	0(거짓)

그림3-5 | 비트 연산의 예

NOT 연산

10010110
↓↓↓↓↓↓↓↓
01101001

각 비트에 대해 같은
논리 연산을 일괄적으
로 처리

AND 연산

11011100
↓↓↓↓↓↓↓↓
10010100
↑↑↑↑↑↑↑↑
10110110

왼쪽 시프트
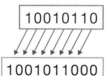

10010110

1001011000

2비트 왼쪽으로 이동한다.
(오른쪽 끝은 0으로 채운다)

오른쪽 시프트

10010110

10010

3비트 오른쪽으로 이동
한다.
(오른쪽 끝은 버린다)

Point
✔ 비트 연산에서는 모든 비트에 대해 논리 연산을 한다.
✔ 시프트 연산을 사용하면 2배로 하는 계산 등을 고속으로 처리할 수 있다.

3-3 사칙 연산, 연산자

≫ 계산의 기본을 이해한다

계산은 기본적으로 산수와 같다

프로그래밍 언어는 대부분 인간이 보았을 때 이해하기 쉽도록 **사칙 연산**을 산수와 동일하게 표현합니다. 예를 들어 덧셈은 2+3, 뺄셈은 5-2와 같이 숫자와 숫자 사이에 **연산자**를 끼워 표기합니다. 곱셈으로 사용하는 기호 '×'는 전각 문자이기 때문에, 프로그래밍에서는 반각 문자인 '*' 기호를 사용합니다. 또, 나눗셈도 마찬가지로 '÷' 대신에 '/' 기호를 사용해서 '3*4'나 '8/2'로 기술합니다(그림 3-6).

계산하는 순서도 산수와 같다

하나의 계산식 안에서 덧셈과 곱셈 등을 조합해 사용하는 경우가 있습니다. 예를 들어 1+2*3을 구할 때, 산수로는 먼저 곱셈을 하고 나중에 덧셈을 하므로 답은 7이 됩니다. 프로그래밍에서도 마찬가지로 곱셈이 먼저이고 덧셈이 나중에 계산됩니다. 이 순서를 '연산자의 우선순위'라고 합니다. 언어에 따라 약간씩 다르지만, 기본적으로는 그림 3-7과 같은 순서로 되어 있습니다. 이 우선순위를 바꾸려면, 산수와 마찬가지로 괄호를 사용합니다. 예를 들어 '(1+2)*3'이라고 쓰면 먼저 1+2를 계산하고 그 결과에 3을 곱하기 때문에 결과는 '9'가 됩니다.

흔히 쓰이는 나머지 연산

프로그래밍에서는 나머지 연산을 많이 활용합니다. 나머지는 나눗셈해서 더 나누어지지 않을 때 남는 부분입니다. 그림 3-8처럼 나머지 연산은 주기적으로 같은 값이 반복해서 발생하므로, 정기적으로 같은 처리를 하는 프로그래밍에서 활용하기 좋습니다. 예를 들어, 표를 만들 때 한 줄마다 색을 바꾸거나 시간을 분으로, 분을 초로 바꾸는 등의 계산도 간단히 할 수 있습니다.

그림 3-6 C언어와 Python으로 구현한 연산의 예

> | **C언어의 예**

```c
#include <stdio.h>

int main(){
    printf("%d\n", 5 + 3); // 덧셈
    printf("%d\n", 5 - 3); // 뺄셈
    printf("%d\n", 5 * 3); // 곱셈
    printf("%d\n", 5 / 3); // 나눗셈
    printf("%d\n", 5 % 3); // 나머지
}
```

> | **Python의 예**

```python
print(5 + 3)  # 덧셈
print(5 - 3)  # 뺄셈
print(5 * 3)  # 곱셈
print(5 // 3) # 나눗셈(정수)
print(5 / 3)  # 나눗셈(소수)
print(5 % 3)  # 나머지
```

Chapter
3

그림 3-7 연산자의 우선순위

우선순위	연산자	내용
높다	**	거듭제곱
	*, /, %	곱셈, 나눗셈, 나머지
	+, −	덧셈, 뺄셈
	<, <=, ==, !=, >, >= 등	비교연산자(그림 3-5 참조)
	not	논리 NOT
	and	논리 AND
낮다	or	논리 OR

그림 3-8 나머지 연산 특징(5로 나눌 때)

같은 값이 반복해서 생성된다.

값	나머지	값	나머지	값	나머지
0	0	5	0	10	0
1	1	6	1	11	1
2	2	7	2	12	2
3	3	8	3	13	3
4	4	9	4	14	4

Point

✔ 사칙 연산의 연산 순서는 평소 사용하는 것과 같고, 곱셈이나 괄호를 사용하면 계산 순서를 바꿀 수 있다.

✔ 나머지를 사용하면 주기적으로 등장하는 값을 간단히 처리할 수 있다.

≫ 컴퓨터에 기억시킨다

데이터를 보관해 두는 장소로서의 변수

프로그램에서 값을 저장할 장소를 지정하는 방법에는 **변수**와 **상수** 두 가지가 있습니다(그림 3-9).

수학 방정식 등에서 구하고 싶은 값에 사용하는 x나 y와 같은 기호를 변수라고 합니다. 변수는 그 값이 바뀌는 것을 의미하는데, 프로그래밍에서도 실행 중 값이 바뀌는 여러 가지 데이터를 메모리상에 보관할 때 변수를 사용합니다.

복잡한 계산을 여러 번 할 경우, 공통되는 계산을 미리 하고 그 계산 결과를 보관해 두면, 결과를 재이용할 수 있어 효율적입니다. 그래서 **중간 데이터를 보관할 장소를 확보하고, 그 장소에 이름을 붙입니다.** 이렇게 이름을 지정하면 보관된 값을 읽을 수 있습니다. 위의 예에서는 값을 바꿔 쓸 필요가 없지만, 반복 처리 등을 할 때 값을 바꿔서 하고 싶은 경우도 있습니다. 구구단을 계산할 경우, 1에서 9까지의 수를 일일이 적는 것보다 변수에 1에서 9까지의 값을 바꿔 넣으면서 처리하면 프로그램을 보기가 쉬워집니다(그림 3-10).

한 번 넣은 데이터를 수정할 수 없는 상수

변수에 들어 있는 데이터는 고쳐 쓸 수 있습니다. 즉, 몇 번이라도 값이 바뀔 가능성이 있으며, 그 내용을 보지 않으면 무엇이 저장되어 있는지 알 수 없습니다. 한 개발자가 넣어둔 값은 다른 처리에서 수정될 가능성이 있습니다. 이런 상황은 프로그램 내용에 따라서는 오류가 발생할 위험이 높아지는 것을 의미합니다.

그래서, 한 번 데이터를 넣으면 더는 수정할 수 없게 하는 상수라는 것이 있습니다(그림 3-11). 상수는 변수와 마찬가지로 같은 값을 여러 곳에서 사용하더라도 그 값을 다시 쓸 필요가 없습니다. 상수를 사용할 때 데이터를 변경하려고 하면, 오류가 납니다. 수정할 때 알기 쉬울 뿐만 아니라, 이름을 보면 어떤 값인지도 이해할 수 있습니다.

그림 3-9 변수와 상수

변수

몇 번이든 수정할 수 있다

상수

한 번만 값을 넣을 수 있다

Chapter

3

그림 3-10 반복 처리에서 변수의 사용

> │ 변수를 사용하지 않는 경우

```
print("%d * %d = %d" % (1, 1, 1 * 1))
print("%d * %d = %d" % (1, 2, 1 * 2))
print("%d * %d = %d" % (1, 3, 1 * 3))

...

print("%d * %d = %d" % (9, 7, 9 * 7))
print("%d * %d = %d" % (9, 8, 9 * 8))
print("%d * %d = %d" % (9, 9, 9 * 9))
```

[실행 결과]

```
1 * 1 = 1
1 * 2 = 2
1 * 3 = 3
...
9 * 7 = 63
9 * 8 = 72
9 * 9 = 81
```

> │ 변수를 사용하는 경우

```
for i in range(1, 10):          ← 변수 i를 사용
    for j in range(1, 10):      ← 변수 j를 사용
        print("%d * %d = %d" % (i, j, i * j))
```

그림 3-11 상수를 사용하는 예

```
PI = 3.14          ← 원주율
ROOT_DIR = '/'     ← 시스템 루트 디렉터리
```

Point

✔ 변수를 사용하면 일시적으로 값을 기록해 둘 수 있고 그 값을 수정할 수 있다.

✔ 상수를 사용하면 한 번 지정한 값을 수정할 수 없으므로, 변수처럼 사용해도 실수로 값을 바꿔 쓰는 것을 막을 수 있다.

3-5 값, 대입, 비교연산자

≫ 수학에서 사용하는 '='과의 차이점

변수에 값을 보관한다

수학에서는 문자나 숫자가 나타내는 수치를 **값**이라고 합니다. 프로그래밍에서도 마찬가지로 값을 표현하기 위해서 다양한 수치 표현들이 사용됩니다. 또 변수에 값을 보관하는 것을 **대입**이라고 합니다(그림 3-12).

변수에 대입하면, 그 변수가 가리키는 영역에 값을 보관할 수 있습니다. 이때 원래 그 변수에 들어 있던 값은 덮어쓰기 됩니다. 예를 들어, 'x = 5'라는 처리는 'x에 5를 대입한다'는 의미가 있고, 변수 x의 이전 값에 상관없이 이후로는 x를 사용하면 5라는 값을 읽어낼 수 있습니다.

변수의 이름을 지정하면 변수에 저장된 값을 읽을 수 있으므로, x = x + 1이라고 쓰는 경우도 있습니다. 수학적으로는 적절하지 않지만, 프로그래밍에서는 x에 1을 더한 값을 다시 x에 대입한다는 것을 의미합니다. 즉, 'x = 5'라고 한 후에, 'x = x + 1'을 실행하면 x 값은 6이 됩니다.

두 데이터의 관계를 비교한다

수학에서 수의 크기를 비교할 때 〉, 〈, = 등의 기호을 사용합니다. 프로그래밍에서도 조건분기로 크기를 비교하고 싶을 경우에는 수학과 마찬가지로 **비교 연산자**를 사용합니다(그림 3-13).

예를 들어, 'x가 y보다 작다'는 것을 조사하고 싶은 때는 'x 〈 y'라고 쓰고, 'x가 y보다 크다'는 것을 조사하고 싶은 때는 'x 〉 y'라고 씁니다. 그런데 'x가 y와 같다'는 것을 조사하고 싶을 때, 많은 언어에서는 'x == y'처럼 '='를 두 개 나란히 씁니다. 그 이유는 대입에서 이미 '='를 사용하기 때문입니다. 덧붙여 VBScript 등의 언어에서는 대입과 비교에 같은 '='를 사용하며, Pascal에서는 대입에는 ':='를, 비교에는 ='를 사용하는 언어도 있습니다.

또한 두 값이 같지 않은 경우는 x 〈 〉 y 나 x != y라고 씁니다.

그림 3-12 대입과 동시에 계산하는 예

> | **Python 케이스**

```
a = 3           ← a에 3을 대입
print(a)        ← "3"이 출력된다
a += 2          ← a에 2를 더한 값을 a에 대입(a = a + 2와 같다)
print(a)        ← "5"가 출력된다
a -= 1          ← a에서 1을 뺀 값을 a에 대입(a = a - 1과 같다)
print(a)        ← "4"가 출력된다
a *= 3          ← a에 3을 곱한 값을 a에 대입(a = a * 3과 같다)
print (a)       ← "12"가 출력된다
a //= 2         ← a를 2로 나눈 값을 a에 대입(a = a // 2와 같다)
print (a)       ← "6"이 출력된다.
a **= 2         ← a를 제곱한 값을 a에 대입(a = a **2와 같다)
print (a)       ← "36"이 출력된다
```

그림 3-13   비교 연산자(Python의 경우)

비교 연산자	의미
a ═ b	a와 b가 같다(값이 같다)
a ≠ b	a와 b가 같지 않다(값이 같지 않다)
a ⟨ b	a보다 b가 크다
a ⟩ b	a보다 b가 작다
a ⟨= b	a보다 b가 크거나 같다
a ⟩= b	a보다 b가 작거나 같다
a ◇ b	a와 b가 같지 않다(값이 같지 않다)
a is b	a와 b가 같다(오브젝트가 같다)
a is not b	a와 b가 같지 않다(오브젝트가 같지 않다)
a in b	a라는 요소가 리스트 b에 포함된다
a not in b	a라는 요소가 리스트 b에 포함되지 않는다

Point

✔ 대입하면 변수에 값을 저장할 수 있다.
✔ 두 개의 값을 비교하기 위해서는 비교 연산자를 사용한다.

3-6

예약어, 리터럴, 매직넘버

≫ 읽는 사람이 이해하기 쉬운 이름

변수명 등에 쓸 수 없는 예약어 //

변수의 이름(변수명)으로 쓸 수 있는 단어에는 프로그래밍 언어에 따라 제한이 있습니다. 예를 들어, Python에서는 첫 번째 글자는 알파벳이나 언더 스코어(_), 두 번째 글자부터는 알파벳, 숫자, 언더 스코어를 사용합니다. 덧붙여, 변수명 길이에 제한은 없고, 대소문자는 구별됩니다(그림 3-14).

이 규칙을 따르더라도, **변수명으로 사용할 수 없는 단어가 프로그래밍 언어마다 정해져 있습니다.** 예를 들어, 많은 언어에서 if를 조건분기로 사용하므로, if라고 하는 이름의 변수는 정의할 수 없습니다.

이처럼 변수명 등에 사용하지 않도록 미리 정해 놓은 키워드를 **예약어**라고 합니다(그림 3-15). 예약어는 프로그래밍 언어에 따라 다르며, 제어구문으로 현재 사용되고 있거나 미래를 위해 확보(예약)되어 있는 경우도 있습니다.

소스 코드 속에 등장하는 리터럴과 매직넘버 //////////////////////////////////

소스 코드에 등장하는 문자나 숫자 등을 **리터럴**이라고 합니다. 예를 들어, x = 5와 같이 써서 변수나 상수에 대입할 때, 이 '5'를 리터럴이라고 합니다.

그냥 값을 쓰기만 해선, 소스 코드를 작성한 본인 이외에는 의미를 알 수 없습니다. 이러한 값을 **매직넘버**라고 하며, 프로그래머 사이에서는 유지 보수가 어려워 선호하지 않습니다(그림 3-16).

예를 들어, s = 50 * 20에서 50이나 20이 무슨 값인지 작성자 외에는 알 수 없습니다. 그런데 width = 50, height = 20으로 하고, s = width * height라고 쓰면 사각형의 면적을 구하는 식이라는 것을 알 수 있습니다.

같은 계산이라도 price = 50, count = 20으로 지정하고, s = price * count라고 되어 있다면, 단가와 수량으로 합계 금액을 구한다고 판단할 수 있습니다.

그림 3-14 Python에서 쓸 수 있는 변수명과 쓸 수 없는 변수명의 예

> | 쓸 수 있는 이름의 예	> | 쓸 수 없는 이름의 예
tax_rate Python3	8percent 10times

※ Python 코딩 규약 PEP-8에서는 변수명은 모두 소문자로 하고, 언더스코어로 단락을 짓기를 권장한다.

그림 3-15 Python 3.7의 예약어 목록

False	None	True	and	as	assert	async
await	break	class	continue	def	del	elif
else	except	finally	for	from	global	if
import	in	is	lambda	nonlocal	not	or
pass	raise	return	try	while	with	yield

그림 3-16 매직넘버

면적은 가로 × 세로
이니까 간단하네…

...

$$s = 50 * 20$$

...

이 식은 뭐지?
단가 ×개수일까?

소스 코드를 읽는 사람이 바로 이해할 수 없다.

Point

✔ 변수명에는 알파벳이나 숫자, 언더스코어 등을 사용하지만, 예약어로 지정된 키워드는 사용할 수 없다.

✔ 소스 코드 속에 갑자기 숫자가 등장하면 겉보기엔 의미를 알 수 없기에, 적절한 이름을 붙인 상수 등에 저장한 후 사용하는 것이 바람직하다.

≫ 컴퓨터로 숫자를 다룬다

정수를 다루는 값 ///

변수는 저장하는 값의 형에 따라 메모리 공간을 확보하는 크기가 달라집니다. 예를 들어, 0과 1이라는 두 가지 값만 나타내는데, 큰 영역을 확보하게 되면 사용되지 않는 영역은 낭비되므로 메모리가 부족해질 겁니다. 그래서 자주 사용되는 값은 **종류에 따라 저장하기에 충분한 크기가 미리 정해져 있습니다.** 그 중에서 자주 사용되는 것으로 **정수**가 있습니다. 상품 가격과 개수, 순위, 페이지 수 등 우리 주변에는 정수가 넘쳐납니다.

컴퓨터는 계산기라고 번역하는 것처럼 계산을 잘하는 기계이고, 정수를 다루는 것은 필수입니다. 컴퓨터에는 정수를 저장하기 위해 **정수형**이 준비되어 있습니다. 취급하는 수의 크기에 따라 32비트나 64비트 영역을 확보하는 자료형을 사용하는 것이 일반적입니다(그림 3-17).

소수를 다루는 값 ///

끝수나 비율, 단위를 변환하는 경우 등 소수를 사용할 경우도 있습니다. 소수도 2진수로 다룰 필요가 있기 때문에, **부동소수점수**라는 표현 방법을 사용합니다(그림 3-18). IEEE 754라는 규격으로 표준화되어 있으며, 단정도 부동소수점수(32비트)와 배정도 부동소수점수(64비트)가 주로 사용됩니다. 부동소수점수는 부호부와 지수부, 가수부로 나누어 고정길이로 표현하는 방법으로, **실수형**이라고도 불리며 많은 프로그래밍 언어에서 채용되어 있습니다. 실수형을 사용하면 정수나 소수도 표현할 수 있지만, 실수형은 어디까지나 근삿값(정확한 값을 표현할 수 없는 경우에 사용한다. 원래 값에 가까운 값이다)의 가능성이 있어, 큰 값이라도 정확함이 요구되는 경우에는 정수형을 사용합니다.

진릿값을 취급하는 값 //

프로그래밍 언어에 따라서는 참과 거짓이라는 진릿값(논릿값)을 다루는 논리형(부울형)이 준비되어 있는 것도 있습니다.

크기	부호있음	부호없음
8비트	−128~127	0~255
16비트	−32,768~32,767	0~65,535
32비트	−2,147,483,648~2,147,483,647	0~4,294,967,295
64비트	−9,223,372,036,854,775,808 ~9,223,372,036,854,775,807	0~18,446,744,073,709,551,615

그림3-17 정수형으로 다룰 수 있는 크기

그림3-18 부동소수점수의 표현

단정도 부동소수점수(32비트)

부호 (1비트)	지수부 (8비트)	가수부 (23비트)

배정도 부동소수점수(64비트)

부호 (1비트)	지수부 (11비트)	가수부 (52비트)

[10진수 소수점수에서 부동소수점로 변환]

❶ 부호비트: 플러스 → 0, 마이너스 → 1
❷ 절댓값을 2진수로 변환
❸ 소수점의 위치를 이동(선두가 1이 되도록)
❹ 가수부는 선두의 1 이외를 자릿수만큼 꺼낸다.
❺ 지수부에 127을 더해 2진수로 변환

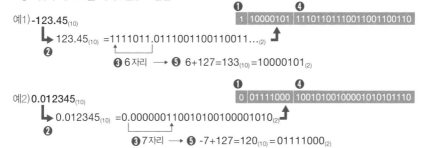

예1) **-123.45**$_{(10)}$

$\xhookrightarrow{\qquad}$ 123.45$_{(10)}$ =1111011.0111001100110011…$_{(2)}$
❷

❸ 6자리 ⟶ ❺ 6+127=133$_{(10)}$=10000101$_{(2)}$

예2) **0.012345**$_{(10)}$

$\xhookrightarrow{\qquad}$ 0.012345$_{(10)}$ =0.00000011001010010000 01010$_{(2)}$
❷

❸ 7자리 ⟶ ❺ -7+127=120$_{(10)}$ = 01111000$_{(2)}$

Point

✔ 정수형에는 부호가 있는 것과 없는 것이 있어, 그 크기에 따라 다룰 수 있는 수의 크기가 달라진다.

✔ 실수형은 부동소수점수로 다루지만, 그 값은 근삿값일 가능성이 있다.

≫ 같은 형의 데이터를 모아서 다룬다

사전에 영역을 확보하는가? 실행 시에 영역을 확보하는가? ////////////////////////////

같은 형의 데이터를 연속으로 나열한 것을 **배열**이라고 하고, 배열 내 각각의 데이터를 요소라고 합니다. 배열을 사용함으로써 복수의 데이터를 모아서 정의할 수 있을뿐만 아니라, 각 요소에는 선두로부터 일련번호가 붙어 있어, 그 번호의 첨자(인덱스)를 지정해서 요소에 액세스할 수 있습니다.

예를 들어, 10개의 상자가 있는데 각 상자가 정수형인 요소라고 합니다(그림 3-19). 그러면 선두에서 순서대로 0번째 요소, 1번째 요소, ..., 9번째 요소가 됩니다. 첨자는 보통 0부터 시작하는 것이 일반적입니다.

또한, 사전에 상자의 수(배열의 크기)를 정해 확보하는 배열을 **정적 배열**이라고 합니다. 사전에 크기를 알고 있는 때는 고속으로 처리할 수 있지만, 예상한 크기보다 많은 데이터를 저장할 수는 없습니다. 주어지는 데이터의 양을 모르는 등 배열 요소수로 필요한 사이즈가 프로그램 실행 전엔 불분명한 경우는 실행 시에 영역을 증감하는 **방법이 사용됩니다. 이것은 동적 배열**로 불리며 필요에 따라 요소 수를 변경할 수 있지만, 처리에 조금 시간이 걸립니다. 배열에 요소를 추가할 경우, 배열 중간에 요소를 추가하게 되면 그 이후의 요소는 모두 이동해야 합니다. 요소를 삭제하는 경우도 마찬가지로 선두에서 연속적으로 접근하려면 뒤의 요소를 앞으로 이동해야 합니다 (그림 3-20).

배열 안에 배열을 넣다 //

배열에 저장할 수 있는 요소는 정수형뿐만 아니라 소수점수나 문자 등도 가능합니다. 또한 요소로서 배열을 저장할 수도 있어, 이를 **다차원 배열**이라고 합니다. 다차원 배열을 사용함으로써 그림 3-21과 같이 표 형식의 데이터도 다룰 수 있게 됩니다.

그림 3-19 배열

첨자

| price[0] | price[1] | price[2] | price[3] | price[4] | price[5] | price[6] | price[7] | price[8] | price[9] |

price

| 837 | 294 | 174 | 305 | 812 | 363 | 746 | 902 | 136 | 425 |

요소

그림 3-20 배열 요소의 삽입과 삭제

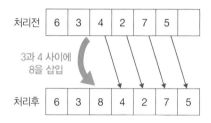

처리전 6 3 4 2 7 5

3과 4 사이에
8을 삽입

처리후 6 3 8 4 2 7 5

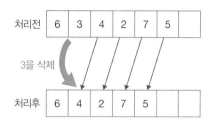

처리전 6 3 4 2 7 5

3을 삭제

처리후 6 4 2 7 5

그림 3-21 다차원 배열

a[0][0]	a[1][0]	a[2][0]	...	...	...	a[7][0]
a[0][1]	a[1][1]	a[2][1]	...	...	...	a[7][1]
...						
...						
a[0][4]	a[1][4]	a[2][4]	...	...	...	a[7][4]

Point

✔ 배열을 사용하면 여러 개의 값을 한꺼번에 정의할 수 있으며, 선두에서부터 번호를 지정하여 각 요소에 직접 액세스할 수 있다.

✔ 배열 중간에 요소를 추가하거나 중간 요소를 삭제할 경우에는 나머지 요소의 이동이 필요하기 때문에 요소 수가 많으면 처리에 시간이 걸린다.

≫ 컴퓨터로 문자 다루기

알파벳과 숫자를 다루는 ASCII

컴퓨터에서는 숫자를 사용할 뿐만 아니라, 문자를 입력하거나 출력할 수 있습니다. 이때, 컴퓨터 내부에서는 문자도 정수로 취급해, 그 수에 대응하는 문자를 표시합니다.

예를 들면, A라는 문자에는 65(16진수로 41), B에는 66(16진수로 42), C에는 67(16진수로 43)과 같이 각각 대응하는 정수가 할당되어 있습니다. 일반적으로 알파벳이나 숫자의 경우에는 ASCII라는 **문자 코드**(대응표)가 주로 사용되며, 그림 3-22에 나타나 있듯이 16진수로 표현합니다.

알파벳의 대문자와 소문자는 모두 52개입니다. 여기에 0에서 9까지의 숫자 10개, 일부 기호와 제어문자(디스플레이나 프린터 등에 특별한 동작을 지시하기 위해 사용되는 특수 문자) 등을 표현하는 데에는 128개로 충분합니다. 128개의 크기는 7비트로 표현할 수 있지만, ASCII에서는 이 7비트에 1비트를 더해, 많은 컴퓨터에서 최소 단위인 1바이트(8비트)로 처리합니다.

컴퓨터로 문자열을 처리하려면

문자는 한 글자씩 다루는데, 어떤 단어나 문장처럼 여러 문자를 나열한 것을 **문자열**이라고 합니다. 컴퓨터로 문자열을 처리할 때는 한 글자씩이 아니라, 일련의 문자를 배열로 저장해서 사용합니다.

C언어를 비롯한 프로그래밍 언어 대부분에서는 문자열을 저장하기 위해 충분한 길이의 배열을 확보하고, 그 안에 필요한 문자열을 저장합니다. 이때, 문자열이 배열 안에서 어디까지 채워졌는지 알려주는 종료 위치로서 NULL **문자**라는 제어 문자(종단 문자)를 사용합니다(그림 3-23). C언어에서는 문자를 나타낼 때는 작은 따옴표(')로, 문자열을 나타낼 때는 큰 따옴표(")로 감싸서 표현합니다. Java나 Ruby, Python처럼 문자열을 나타내는 형이 갖추어진 언어도 있습니다.

그림 3-22 ASCII에 의한 표현

	-0	-1	-2	-3	-4	-5	-6	-7	-8	-9	-A	-B	-C	-D	-E	-F
0-																
1-																
2-	SP	!	"	#	$	%	&	'	(	)	*	+	,	−	.	/
3-	0	1	2	3	4	5	6	7	8	9	:	;	〈	=	〉	?
4-	@	A	B	C	D	E	F	G	H	I	J	K	L	M	N	O
5-	P	Q	R	S	T	U	V	W	X	Y	Z	[	₩	]	^	_
6-	`	a	b	c	d	e	f	g	h	i	j	k	l	m	n	o
7-	p	q	r	s	t	u	v	w	x	y	z	{			}	~	

※회색 부분은 제어 문자를 나타낸다.

그림 3-23 문자열

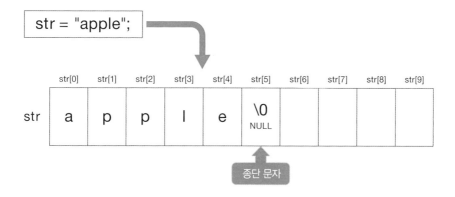

str = "apple";

	str[0]	str[1]	str[2]	str[3]	str[4]	str[5]	str[6]	str[7]	str[8]	str[9]
str	a	p	p	l	e	\0 NULL				

종단 문자

Point

✔ 문자를 컴퓨터로 표현할 때, 문자 코드에 따라 수치로 대응시킨다.

✔ 여러 개의 문자를 나열한 것을 문자열이라고 하고, C언어 등의 경우는 배열을 확보해 하나씩 문자를 저장하고, 마지막에 종단 문자를 넣어 종료 위치를 판단한다.

≫ 한글을 다룰 때 주의할 점

복수의 한글 문자 코드와 문자 깨짐

ASCII에서는 최대 128개의 문자를 취급했지만, 한글로 나타낼 수 있는 글자 수는 128개로는 부족합니다. 그래서 1바이트가 아니라 2바이트 이상을 사용해서 표현하는 방식이 만들어졌습니다. 2바이트로 한글을 표현하는 문자 코드로는 **EUC-KR**, **CP949** 등이 있습니다. 2바이트를 사용하면 최대 65,536가지의 글자를 표현할 수 있습니다.

그러나, 복수의 문자 코드가 존재하면, 다른 컴퓨터와 데이터를 교환할 때 올바르게 표시되지 않는 상황이 발생합니다. 예를 들면, 조금 전의 Windows에서는 CP949가 사용되고 있었지만, UNIX 계열 OS에서는 EUC-KR이 사용되고 있었습니다. 파일을 작성한 환경과 같은 문자 코드로 파일을 열지 않으면 문자가 제대로 표시되지 않습니다. 이것을 **문자 깨짐**이라고 합니다(그림 3-24).

또 한글뿐만 아니라 전세계의 문자를 다룰 경우에도 문제가 발생합니다. 중국어나 아랍어 등 그 밖의 여러 나라에서도 개별적인 문자 코드가 있었고, 이러한 문자 코드로 작성된 파일을 표시할 때에도 불편한 상황이 되었습니다.

표현할 수 있는 문자가 대폭 늘어난 Unicode

글자가 깨지거나 여러 개의 문자 코드를 처리할 필요가 있는 상황을 해결하기 위해 고안된 것이 **Unicode**입니다(그림 3-25). 국제적인 문자 집합을 말하며, 기존의 문자 코드에 비해 표현할 수 있는 글자 수가 크게 늘어난 것이 특징입니다.

여기서 Unicode는 문자 코드가 아니라 문자 집합이라는 점에 유의해야 합니다. 이 문자 집합을 어떠한 코드로 표현하는지가 인코딩 방식으로, UTF-8이나 UTF-16 등이 있습니다. 최근에는 UTF-8 사용이 증가하고 있습니다.

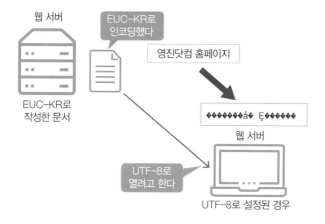

그림 3-24 문자 깨짐 발생

웹 서버

EUC-KR로 인코딩했다

영진닷컴 홈페이지

EUC-KR로 작성한 문서

◆◆◆◆◆◆◆â◆ ┇◆◆◆◆◆◆

웹 서버

UTF-8로 열려고 한다

UTF-8로 설정된 경우

그림 3-25 국제적인 Unicode

모두 같은 문자 코드로 처리할 수 있다

Point

✔ 문자 코드가 바르게 지정되지 않으면, 문자 깨짐이 발생한다.

✔ 최근에는 국제적인 문자 집합 Unicode가 사용되고, 인코딩 방식으로 UTF-8이 주류가 되었다.

≫ 복잡한 데이터 구조 표현

형이 다른 데이터를 한꺼번에 다룬다 //

어떤 학교에서 학생의 성적을 처리할 때, 학생의 이름 배열과 시험 점수 배열을 준비하는 방법을 생각할 수 있습니다. 그러나 그것들을 별개의 배열로 관리하지 않고, 한 학생의 성적은 하나의 데이터로 모아서 관리하고 싶습니다.

배열에서는 같은 형의 데이터만 다룰 수 있지만, **관련된 여러 항목의 형이 달라도 한 꺼번에 다루는 방법으로 구조체**가 있습니다(그림 3-26). 구조체를 사용하기 위해서는 먼저 구조체에 들어가는 형을 정의하고, 그 정의한 형을 이용할 변수를 선언할 필요가 있습니다.

예를 들어, 학생 이름과 점수를 모은 형태로 구조체를 정의하면 성적을 변수 하나로 다룰 수 있습니다. 또한 구조체를 사용함으로써, 변수로 다룰 수 있을 뿐만 아니라 여러 학생의 성적을 배열로 다룰 수도 있습니다. 이를 통해 다른 형의 데이터도 모아서 알기 쉽게 표현할 수 있습니다.

가질 수 있는 값을 모두 열거한다 //

정수형을 사용하면 많은 값을 표현할 수 있는데, 실제로는 그렇게 큰 많은 값이 필요 없는 경우도 있습니다. 예를 들어 요일을 수치로 나타낼 때, 일요일을 0, 월요일을 1, … , 토요일을 6으로 할당하면 7종류로 충분합니다. 게다가 요일을 나타내는 변수에 들어갈 값은 0에서 6 범위에 있는 정수이고, 다른 값이 들어갈 일은 없습니다. 하지만 정수형으로 요일을 지정해버리면, 예를 들어 화요일을 '2'라고 정해도 그 수치만 봐선 그게 무슨 요일인지 직감적으로 알 수 없습니다.

그래서 이런 때는 특정한 값만 저장할 수 있는 **열거형**을 사용합니다(그림 3-27). 대입되는 값을 보면 내용을 알 수 있어, **구현 시 실수를 줄일 수 있을 뿐만 아니라, 다른 사람이 소스 코드를 읽을 때도 원활하게 이해할 수 있습니다.** 정의되지 않은 값이 대입될 것 같으면 4-8절에서 설명하는 예외를 발생시키는 언어도 있어 오류를 방지하는 데에도 도움이 됩니다.

그림 3-26 구조체의 예

주소록

이름	
영문이름	
우편번호	
주소1	
주소2	
전화번호	

Chapter

3

그림 3-27 열거형의 예

> │ 요일을 사용한 예

```python
from enum import Enum

class Week(Enum):               ← 열거형의 정의
    Sun = 0; Mon = 1; Tue = 2; Wed = 3;
    Thu = 4; Fri = 5; Sat = 6

day_of_week = Week.Sun          ← 열거형의 요일을 대입
if (day_of_week == Week.Sun) or (day_of_week == Week.Sat):
    print('Holiday')
else:
    print('Weekday'
```

Point

✔ 구조체를 사용하면 다른 형의 데이터를 한꺼번에 다룰 수 있다.

✔ 열거형을 사용하면 저장할 수 있는 값을 제한할 수 있어, 구현 시의 실수를 줄이고 읽기 쉬운 소스 코드를 작성할 수 있다.

3-12

형변환, 암묵적 형변환, 명시적 형변환, 오버플로

≫ 다른 형도 다룰 수 있게 한다

사용하고 싶은 형으로 변환한다

'정수형 데이터를 부동소수점수 데이터로 변환하고 싶다' '문자열 "123"이라는 데이터를 정수형 123으로 변환하고 싶다'와 같이 어떤 형 데이터를 다른 형으로 변환하는 것을 **형 변환**이라고 합니다.

또한, 프로그래머가 명시적으로 형 변환을 지정하지 않아도 컴파일러가 자동으로 형을 변환해주는 경우가 있으며, 이를 **묵시적 형 변환**이라고 합니다. 예를 들어, 단정도 부동소수점수의 값을 배정도 부동소수점수 변수에 대입해도 값이 바뀌지 않습니다. 또 32비트 정수를 배정도 부동소수점수의 변수에 대입해도 값이 바뀌지 않습니다.

반면에, 변환할 형을 소스 코드로 지정해 강제로 형을 바꾸는 방법을 **명시적 형 변환**(캐스팅)이라고 합니다(그림 3-28). 부동소수점수 값을 정수 변수에 대입하면, 소수점 아래가 없어져 버리기 때문에 프로그래밍 언어에 따라서는 캐스팅이 필요합니다.

덧붙여, C언어 등에서는 double형 등의 부동소수점수를 int형 등의 정수형 변수에 대입했을 경우, 명시적으로 지정하지 않아도 소수점 이하가 잘려 저장됩니다(그림 3-29). 이런 기능은 편리하면서도 예상치 못한 문제를 만들어 버릴 가능성이 있습니다.

형에서 취급할 수 있는 상한을 넘는 오버플로

지정한 형으로 취급할 수 있는 상한을 넘는 값이 대입되는 것을 **오버플로**(자리 넘침)라고 합니다(그림 3-30).

예를 들어, 32비트 정수형에서는 −2,147,483,648~2,147,483,647 범위의 값을 취급할 수 있습니다. 그러나 32비트 정수형 변수에 30억이라는 값을 대입하면, 정수형의 범위를 넘어서 오버플로가 발생합니다.

이것은 형 변환의 경우에도 마찬가지로, 문자열 값을 정수형 변수로 형 변환하는 경우나 32비트 정수형 값을 8비트의 정수형 변수에 대입하는 경우 등은 오버플로가 발생해 정보가 유실되어 버립니다.

그림 3-28 캐스팅이 필요한 예

> | 숫자와 문자열 사이의 형 변환

```
value = 123
print('abc' + str(value))      ← 정수를 문자열로 변환한 후 결합(abc123을 출력)
str = '123'
print (int(str) + value)       ← 문자열을 정수로 변환한 후 덧셈(246을 출력)

print ('abc' + value )         ← 문자열과 정수의 결합(에러가 난다)
print (str + value )           ← 문자열과 정수의 덧셈(에러가 됨)
```

Chapter
3

그림 3-29 형 변환으로 정보가 유실되는 예

> | 숫자와 문자열 사이의 형 변환

```
#include <stdio.h>

int main() {
    int a = 3.1;         // a에는 3이 대입된다
    printf("%d\n", a);   // 3이 출력된다
    return 0;
}
```

그림 3-30 오버플로

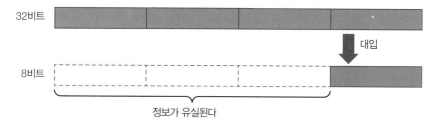

- 32비트
- 대입
- 8비트
- 정보가 유실된다

Point

✔ 캐스팅에 의해 다른 형으로 변환할 수 있지만, 정보의 일부가 유실되는 경우가 있다.

✔ 형에 저장할 수 있는 크기에는 상한이 있으며, 이를 초과하는 값을 저장하면 오버 플로가 발생하여 정보가 유실된다.

≫ 배열을 번호가 아닌 이름으로 다룬다

이름으로 액세스하는 배열

배열에 접근할 때는 목표 요소의 번호로서 첨자에 수치를 지정합니다. 수치 이외의 방법으로 접근할 수 있는 데이터 구조도 있는데, 이를 **연상 배열**이라고 합니다. 연상 배열은 배열처럼 0번째, 1번째로 지정하는 것이 아니라, '국어' '산수'처럼 요소에 요소의 이름을 지정하여 액세스 할 수 있습니다(그림 3-31).

이처럼 원하는 이름을 첨자로 해서 액세스 할 수 있기 때문에, 소스 코드를 봤을 때 처리 내용을 알기 쉬워집니다.

프로그래밍 언어에 따라서는 연상 배열을 연상 리스트, 사전(딕셔너리), 해시, 맵이라고 부르기도 합니다.

보안 등에서도 사용되는 해시

연상 배열을 해시라고 부르는 이유로 **해시 함수**의 존재가 있습니다. 해시 함수는 요약 함수라고도 불리며, 주어진 값에 어떤 변환 처리를 하여 출력을 얻는 함수로, '입력이 같으면 같은 출력을 얻을 수 있다'는 특징이 있습니다. 그런 특징으로 로그인 패스워드 보관을 비롯해 다양한 장면에서 사용됩니다(그림 3-32).

연상 배열에 사용되는 것은 해시 테이블이라 불리며, '복수의 입력에서 같은 출력이 나오는 경우가 적다'라는 특징을 갖는 것이 중요합니다. 해시 함수에서 같은 결과가 출력이 되는 것을 충돌이라고 하며, 충돌이 발생하면 대처가 필요하므로 처리 효율이 떨어집니다. 보안이나 암호에 관한 상황에서는 '단방향 해시함수'라 불리는 함수가 이용됩니다. 추가적으로 다음과 같은 특징이 있으며, 이 특징을 살려서 패스워드 보관이나 파일의 위조 검출 등에 사용됩니다.

- ◆ 입력이 조금 바뀌면, 출력은 크게 바뀐다.
- ◆ 출력에서 입력을 역산하기는 어렵다.

그림3-31 배열과 연상 배열의 차이

일반 배열

성적 | 0 | 1 | 2 | 3 | 4

번호로 액세스한다

연상 배열

성적 | 국어 | 산수 | 영어 | 이과 | 사회

이름으로 액세스한다

Chapter
3

그림3-32 해시의 이용 사례

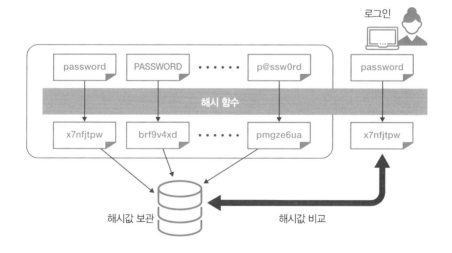

로그인

password   PASSWORD   ······   p@ssw0rd   password

해시 함수

x7nfjtpw   brf9v4xd   ······   pmgze6ua   x7nfjtpw

해시값 보관   해시값 비교

Point

✔ 연상 배열을 사용하면 배열의 인덱스로 이름을 지정하여 액세스할 수 있으므로, 소스 코드를 알기 쉬워진다.

✔ 해시에 사용되는 해시 함수에는 같은 입력에서는 같은 출력을 얻을 수 있지만, 다른 입력에서는 같은 출력을 얻기 어려운 함수가 사용된다.

3-14

어드레스, 포인터

≫ 메모리 구조를 이해하고 데이터 다루기

메모리의 위치를 나타내는 어드레스 \\\

프로그램에서 사용하는 변수나 배열은 실행 시 컴퓨터의 메모리상에 배치됩니다. 이때, 메모리에는 장소를 나타내는 **어드레스**라고 하는 일련번호가 붙어 있습니다(그림 3-33).

어드레스는 OS나 컴파일러가 관리하므로, 프로그래머가 그 장소를 지정해서 변수나 배열 등을 확보할 수는 없습니다. 단, 선언한 변수나 배열이 메모리의 어디에 배치되어 있는지 어드레스를 프로그램에서 참조할 수 있습니다.

어드레스에는 CPU 등이 액세스하기 위해서 사용하는 물리 어드레스와 프로그램이 데이터를 기록·참조하는 논리 어드레스가 있습니다. 앱 프로그래머 시점에서 어드레스라고 하면 논리 어드레스를 가리킵니다.

어드레스로 메모리를 조작하는 포인터 \\\

프로그램에서 어드레스를 조작하기 위해서 제공되는 기능으로 **포인터**가 있습니다(그림 3-34). 포인터는 포인터형 변수를 준비해서 변수나 배열의 주소를 보관하는 식으로 사용합니다.

포인터형은 변수의 자료형과 관계없이 크기가 같습니다. 많은 항목을 가진 구조체 등 용량이 큰 데이터를 보관하는 변수가 있을 때, 포인터를 사용함으로써 대용량의 데이터를 복사하는 시간을 줄여 고속화할 수 있는 경우가 있습니다. 또, 잘 활용하면 프로그램을 깔끔하게 만들 수 있는 장점이 있습니다.

그러나, 포인터는 메모리상의 잘못된 위치의 데이터에도 접근할 수 있어, 보안상 문제가 발생하거나 프로그램이 이상 종료될 수 있습니다. 부적절하게 사용하지 않도록 주의해야 합니다.

최근의 언어에서는 안전성을 확보하기 위해 프로그래머가 포인터를 직접 조작할 수 없는 경우가 늘고 있지만, 포인터의 개념은 존재하므로 그 사고방식을 이해해 두는 것이 중요합니다.

그림 3-33 메모리와 어드레스의 관계

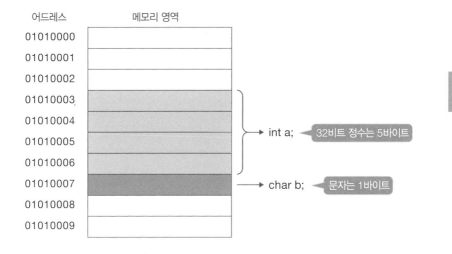

그림 3-34 포인터

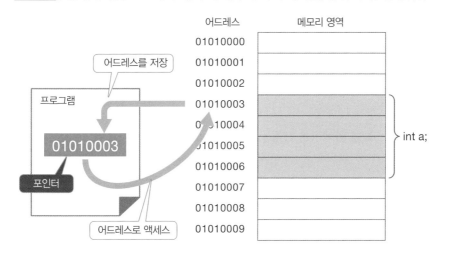

Point

✔ 메모리 위치를 나타내는 어드레스에는 물리 어드레스와 논리 어드레스가 있다.

✔ 프로그램에서 어드레스를 다루려면 포인터를 사용하고, 포인터에 저장된 어드레스에 접근하여 변수나 배열을 조작한다.

≫ 데이터를 순서대로 탐색하는 자료 구조

처음부터 순서대로 액세스하는 선형 리스트

배열에서는 각 요소의 위치를 지정하여 임의의 요소에 접근할 수 있었지만, 중간에 데이터를 삽입할 때는 기존 데이터를 뒤로 밀어주는 처리, 중간 데이터를 삭제할 때는 기존 데이터를 앞으로 당겨 채우는 처리가 필요했습니다.

데이터양이 많아지면 이 처리에 시간이 걸리기 때문에 고안한 자료 구조가 **연결 리스트**(단방향 리스트)입니다. 연결 리스트는 데이터의 내용과 함께 **다음 데이터의 어드레스를 나타내는 값을 보관하여, 데이터를 차례로 연결하는 구조로** 되어 있습니다(그림 3-35).

데이터를 추가할 때는 '직전의 데이터가 가진 다음 데이터의 어드레스'를 추가하는 데이터의 어드레스로 변경하고, '추가하는 데이터의 다음 데이터의 어드레스'를 직전의 데이터가 가리키던 어드레스로 변경합니다(그림 3-36).

삭제 시에도 삭제할 데이터 직전의 데이터가 가진 '다음 데이터의 어드레스'를 변경합니다. 이로써, 데이터가 아무리 많아도 다음 데이터의 어드레스를 붙이기만 하면 되므로, 배열보다 빠르게 처리할 수 있습니다. 단, 특정 요소에 접근하려면 배열처럼 요소의 위치를 지정해야 하므로, 앞에서부터 순서대로 더듬어 갈 필요가 있습니다.

앞뒤로 리스트를 탐색하는 양방향 리스트와 환상 리스트

단방향 연결 리스트는 다음 데이터의 어드레스를 가지고 있을 뿐이라서, 역방향으로 액세스할 수는 없습니다. 하지만, 직전 데이터의 어드레스도 가지는 데이터 구조로 **양방향 리스트**가 있습니다(그림 3-37).

또 연결 리스트의 끝 데이터에 선두 데이터의 어드레스를 저장함으로써, **끝까지 탐색한 다음에 다시 처음부터 탐색할 수 있도록 한 데이터 구조를 환상 리스트**라고 합니다.

그림 3-35 | 연결 리스트

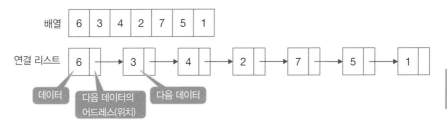

배열 | 6 | 3 | 4 | 2 | 7 | 5 | 1

연결 리스트

데이터
다음 데이터의 어드레스(위치)
다음 데이터

그림 3-36 | 연결 리스트에 삽입 / 연결 리스트에서 삭제

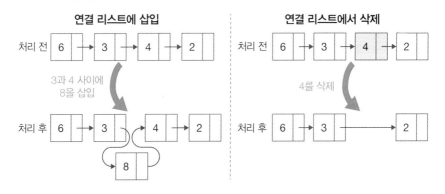

연결 리스트에 삽입

처리 전 6 → 3 → 4 → 2

3과 4 사이에 8을 삽입

처리 후 6 → 3 → 4 → 2 / 8

연결 리스트에서 삭제

처리 전 6 → 3 → 4 → 2

4를 삭제

처리 후 6 → 3 → 2

그림 3-37 | 양방향 리스트와 환상 리스트

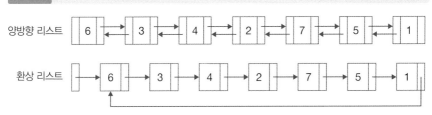

양방향 리스트 6 ⇄ 3 ⇄ 4 ⇄ 2 ⇄ 7 ⇄ 5 ⇄ 1

환상 리스트 6 → 3 → 4 → 2 → 7 → 5 → 1

Point

✔ 다음 요소의 어드레스를 유지해서, 선두부터 순서대로 탐색할 수 있는 데이터 구조를 연결 리스트라고 한다.

✔ 연결 리스트에서는 삽입이나 삭제를 배열보다 더 빠르게 할 수 있지만, 특정 위치의 요소를 참조하는 것은 배열보다 시간이 걸린다.

≫ 데이터를 순서대로 처리하기

쌓아올린 데이터를 순서대로 처리한다 ///////////////////////////////

배열에 데이터를 저장하거나 꺼내는 장면을 생각하면, 가능한 요소를 이동하지 않고 처리하는 방법이 필요합니다. 그래서 선두나 말미 중 한 방향으로만 데이터를 넣고 빼는 방법이 많이 사용됩니다.

마지막에 저장한 데이터부터 꺼내는 구조를 **스택**(stack)이라고 합니다(그림 3-38). 영어로 '쌓다'라는 뜻으로 상자에 물건을 쌓아올리고 위에서부터 순서대로 꺼내는 방법입니다. 마지막에 저장한 데이터를 첫 번째로 꺼내기에 LIFO(Last In First Out)라고도 합니다. 스택은 4-16절에서 설명하는 깊이 우선 탐색에서 자주 사용되는 데이터 구조입니다.

배열을 사용하여 스택을 표현할 경우, 배열의 마지막 요소가 있는 위치를 기억해 둡니다. 그러면 추가할 데이터를 넣을 위치나 삭제할 데이터의 위치를 알 수 있기 때문에, 데이터 추가 및 삭제를 빠르게 처리할 수 있습니다. 덧붙여, 스택에 데이터를 넣는 것을 푸시, 꺼내는 것을 팝이라고 합니다.

도착한 데이터를 순서대로 처리하다 ///////////////////////////////

저장한 순서대로 데이터를 꺼내는 구조를 **큐**(queue)라고 합니다(그림 3-39). 큐는 영어로 '대기 행렬을 만들다'라는 뜻이 있는데, 당구에서 공을 치듯이 한쪽에서 추가한 데이터는 반대쪽에서 꺼냅니다. 가장 먼저 넣은 데이터를 꺼내기 때문에 FIFO(First In First Out)라고 부르기도 합니다. 큐는 4-16에서 설명하는 너비 우선 탐색에서 자주 사용됩니다.

큐의 경우는 배열의 첫 번째 요소가 있는 위치와 마지막 요소가 있는 위치를 기억해 둡니다. 데이터를 추가할 경우 마지막 위치에 연달아 등록하고, 삭제할 경우 선두의 요소가 있는 위치에서 꺼냅니다.

덧붙여 큐에 데이터를 저장하는 것을 인큐, 꺼내는 것을 디큐라고 합니다.

그림 3-38   스택

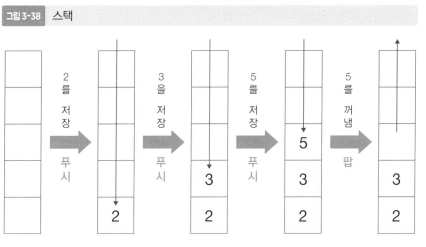

그림 3-39   큐

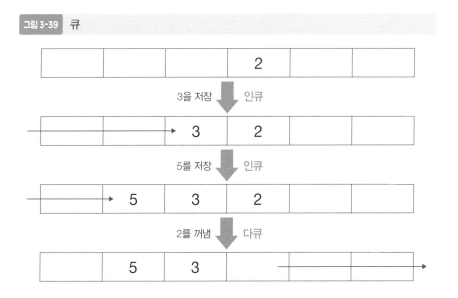

Point

✔ 마지막으로 저장한 데이터부터 꺼내는 데이터 구조를 스택이라 하며, 깊이 우선 탐색 등에 자주 사용된다.

✔ 처음 저장한 데이터부터 꺼내는 데이터 구조를 큐라고 하며, 너비 우선 탐색 등에 자주 사용된다.

≫ 계층 구조로 데이터 다루기

계층 구조를 표현할 수 있는 트리 구조 \\\\\\\\\\\\\\\\\\\\\\\\\\\\\\\\\\

데이터를 저장할 때 배열이나 연결 리스트 이외에도 다양한 데이터 구조를 생각할 수 있습니다. 그 중에서도 폴더 구성처럼 **나무가 하늘과 땅을 거꾸로 한 형태로 연결되는 구조를 트리 구조**라고 합니다.

트리 구조는 그림 3-40과 같이 데이터가 연결된 데이터 구조로, ○ 부분을 노드(절점), 각 노드를 연결하는 선을 링크(가지), 정점인 노드를 루트(뿌리), 맨 아래 노드를 리프(잎)라고 합니다.

또, 링크의 위에 있는 노드를 부모, 아래에 있는 노드를 자식이라고 합니다. 즉, 위에서 아래로 나무가 뻗어 나가는 모습을 상상해 볼 수 있습니다. 이 관계는 상대적인 것이므로, 어떤 노드는 다른 노드의 자식인 동시에 또 다른 노드의 부모인 경우도 있습니다. 루트 노드에는 부모가 없고 리프에는 자식이 없습니다.

프로그램에서 다루기 쉬운 이진 트리과 완전 이진 트리 \\\\\\\\\\\\\\\\\\\\\\\

트리 구조에는 여러 종류가 있는데, 가장 많이 쓰이는 것으로 **이진 트리**가 있습니다. **노드에서 나온 링크가 최대 2줄밖에 없는 트리 구조**로 그림 3-41의 왼쪽과 같은 것이 이진 트리입니다.

이진 트리 중에서도, 모든 리프가 같은 계층에 있으며 리프 이외의 모든 노드가 2개의 자식 노드를 가진 것을 **완전 이진 트리**라고 합니다(실제로는 계층이 하나 달라도, 트리 왼쪽을 채워서 노드가 배치되는 이진 트리를 광의의 완전 이진 트리라고 하는 경우도 있음).

완전 이진 트리라면 그림 3-41의 오른쪽처럼 **트리 구조를 배열로 표현**할 수도 있습니다. 부모의 첨자를 2배하여 1을 더하면 왼쪽 자식의 첨자, 2배하여 2를 더하면 오른쪽 자식의 첨자가 되고, 반대로 자식의 첨자에서 1을 빼고 2로 나누면 부모의 첨자가 됩니다.

완전 이진 트리처럼 리프의 깊이가 거의 같도록 균등하게 요소를 배치한 트리를 **밸런스 트리**(균형 이진 트리)라고 합니다.

그림 3-40 트리 구조

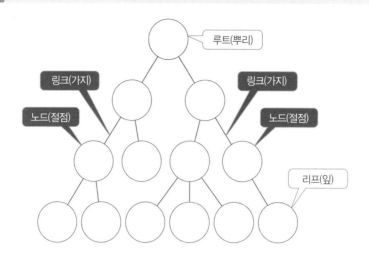

그림 3-41 이진 트리와 완전 이진 트리

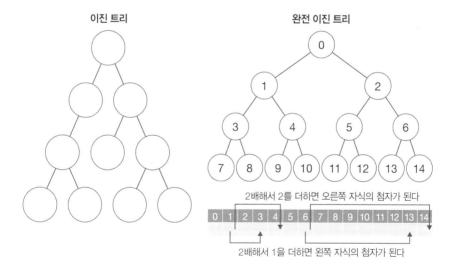

한번 해보요

프로그램을 실제로 실행해 보자

프로그램은 실제로 입력해서 실행해 보지 않으면, 입력 방법이나 실행 방법을 이해할 수 없습니다. 또한 처리에 어느 정도의 시간이 걸리는지를 체험하고, 오류가 발생했을 때 어떻게 대응할 것인가를 경험하는 것이 중요합니다.

꼭 실제로 소스 코드를 입력해서, 어떤 결과가 출력되는지 확인하십시오.

여기에서는 웹브라우저에서 Python 프로그램을 실행하는 방법을 소개합니다. 구글 계정이 필요하지만, 특별한 소프트웨어를 설치할 필요는 없습니다.

❶ Google Colaboratory(https://colab.research.google.com)에 접속해서 [새 노트]를 클릭합니다.

❷ 입력란에 다음의 소스 코드를 입력합니다.

❸ 입력란 왼쪽에 있는 실행 버튼을 눌러 입력한 소스 코드를 실행합니다.

```python
for i in range(1, 51):
  if (i % 3 == 0) and (i % 5 == 0):
    print('FizzBuzz')
  elif i % 3 == 0:
    print('Fizz')
  elif i % 5 == 0:
    print('Buzz')
  else:
    print(i)
```

만약 오류가 발생한 경우에는 뭔가 입력에 실수가 없었는지(들여쓰기 위치가 바르지 않거나 :을 빠뜨리는 등) 확인해 주세요. 덧붙여 들여쓰기는 스페이스 2문자, 4문자, 탭 등 어느 형태로도 문제없지만, 형식은 맞춰줄 필요가 있습니다. 프로그램을 개발할 때 한 번도 오류나 입력 실수 없이 완료되는 일은 없습니다. 오류가 나도 걱정하지 마세요.

Chapter **4**

흐름도와 알고리즘

절차를 이해하고, 순서를 정하여 생각한다

≫ 처리의 흐름을 그려본다

흐름도가 필요한 이유

프로그래밍을 처음 배우는 경우, 소스 코드를 읽는 데 어려움을 겪을 때가 있습니다. 한국어나 영어로 쓰여진 문장이라도 특수한 분야의 내용을 한 줄씩 읽어 가는 것은 어렵습니다. 하지만, 그림이 있으면 직감적으로 이해할 수 있습니다.

프로그래밍에서는 '처리 흐름'을 표현한 **흐름도**(플로차트)가 사용됩니다. 국제표준화 기구(ISO)에서 정한 표준규격으로 프로그램의 처리를 표현할 뿐만 아니라, 업무의 흐름을 기술할 때도 사용됩니다.

프로그램 처리의 기본은 순차처리(하나씩 처리를 실행한다), 조건분기(지정된 조건으로 처리를 나눈다), 반복(같은 처리를 여러 번 실행한다)입니다. 이런 처리 과정은 그림 4-1의 기호를 사용해, 그림 4-2처럼 표현할 수 있습니다. 이렇게 정해진 기호를 사용해서 그리는 것이 중요합니다.

흐름도를 그리는 상황

많은 프로그래머와 이야기를 나누다 보면, 흐름도를 그릴 일이 없다 혹은 흐름도가 도움이 안 된다는 소리를 듣습니다. 흐름도는 절차형 언어에서 많이 쓰이고, 객체 지향 언어나 함수형 언어에서 쓰일 수 없다고 말하는 사람도 있습니다. 객체 지향에서는 UML(Unified Modeling Language: 통합 모델링 언어)를 사용하기도 합니다.

실제로 프로그램을 만들 때 흐름도를 그리는 일은 거의 없습니다. 고객으로부터 문서 등을 요구받은 경우에만 프로그램이 완성된 후에 작성하는 경우가 대부분입니다.

'그렇다면 필요 없지 않은가?'라고 생각하는 사람도 있겠지만, 흐름도에는 큰 장점이 있습니다. 그 장점이란 '프로그래밍 언어에 의존하지 않으며, 프로그래머가 아니라도 이해할 수 있다'라는 것입니다. 작성한 프로그램을 사람들에게 설명할 때 특수한 지식이 필요 없이, 알고리즘의 개념을 초보자에게 전달하기 위해 여전히 유효한 방법입니다.

그림 4-1   흐름도에서 자주 사용되는 기호

의미	기호	설명
시작, 종료		흐름도의 시작과 종료를 나타낸다.
처리		처리의 내용을 나타낸다.
조건분기		조건에 따라 나뉘는 처리를 나타낸다. 기호 안에 조건을 기술한다.
반복		여러 번 반복하는 것을 나타낸다. 시작(위)와 종료(아래)로 감싸서 사용한다.
키 입력		이용자가 키보드로 입력하는 것을 나타낸다.
미리 정의된 처리		미리 정의되어 있는 처리를 나타낸다.

Chapter
4

그림 4-2   대표적인 처리의 흐름

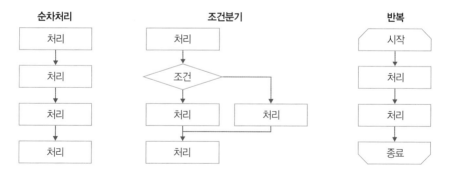

≫ 데이터의 크기를 비교한다

if에 의한 조건분기 ////////////////////////////////////

대부분의 프로그래밍 언어는 소스 코드에 적힌 것을 위에서부터 순서대로 실행합니다. 하지만, 조건을 만족하는 경우에 다른 처리를 실행하고 싶은 때가 있습니다. 예를 들면, '일요일에만 특별한 처리를 하고 싶다.' '비가 올 때만 소지품을 바꾸고 싶다.' 등 다양한 조건이 있을 수 있습니다. 이를 실현하기 위해서는 조건에 따라 처리를 분리할 필요가 있으며, 이를 **조건분기**라고 합니다. 조건분기를 구현하기 위해서 많은 언어에서는 if에 이어서 조건을 지정하고 조건을 만족할 때 실행하려는 처리를 그 뒤에 씁니다(그림 4-3). 조건을 만족하지 않을 때 수행하고자 하는 처리가 있을 경우는 else 뒤에 다른 처리를 기술함으로써 어느 한 쪽의 처리를 수행할 수 있습니다(그림 4-4). Python에서는 다음과 같이 조건과 처리를 기술합니다.

```
if 조건:
    조건을 만족할 때 실행하고 싶은 처리
else:
    조건을 만족하지 못할 때 실행하고 싶은 처리
```

두 가지 조건을 한꺼번에 기술할 수 있는 삼항 연산자 ////////////////////

조건을 만족하는 경우와 만족하지 못한 경우로 나눠 변수에 대입하는 값을 바꾸거나 출력하는 내용을 바꾸는 것뿐이라면, 한 줄로 조건을 기술하는 방법이 있습니다. 이를 **삼항 연산자**라고 부릅니다(그림 4-5). Python에서는 다음과 같이 조건과 대입할 값을 기술합니다.

```
변수 = 조건을 만족했을 때의 값 if 조건 else 조건을 만족하지 않을 때의 값
```

C언어 등의 언어에서는 다음과 같이 조건식과 대입할 값을 기술합니다.

```
변수 = 조건 ? 조건을 만족했을 때의 값 : 조건을 만족하지 않을 때의 값
```

그림 4-3 조건분기의 예(if)

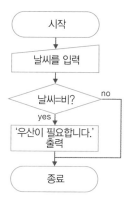

```
> | rain1.py

x = input()

if x == '비':
    print('우산이 필요합니다.')
```

그림 4-4 조건분기의 예(if~else)

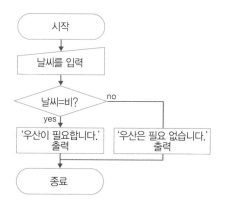

```
> | rain2.py

x = input()

if x == '비':
    print('우산이 필요합니다.')
else:
    print('우산이 필요 없습니다.')
```

그림 4-5 삼항 연산자의 예

```
> | rain3.py

x = input()
print('우산이 필요합니다.' if x == '비' else '우산이 필요 없습니다.')
```

Point

✔ 조건에 따라 처리를 바꾸려면 if와 else에 의한 조건분기를 사용한다.

✔ 조건분기를 한 줄로 표현하는 삼항 연산자가 사용되는 경우도 있다.

4-3 루프

» 같은 처리를 반복해서 실행한다

지정한 횟수만큼 실행한다 //

같은 처리를 반복해서 여러 번 실행하고 싶을 때는 **루프**를 사용합니다. 지정한 횟수
만큼 실행하고 싶은 경우, Python에서는 다음과 같이 for를 사용하고 반복 횟수는
range 안에 지정합니다.

```
for 변수 in range(반복할 횟수):
    반복하고 싶은 처리
```

이 경우 지정된 횟수만큼 반복하여 변숫값을 0에서부터 순서대로 늘리면서 처리합니
다. 예를 들어, 반복 횟수로 '4'를 지정하면, 변수에는 0, 1, 2, 3이라고 하는 값이 차
례로 들어갑니다(그림 4-6의 loop1.py). 0부터가 아니라 지정한 수부터 순서대로
처리하도록 바꾸려면 range 안에서 시작값과 끝값을 지정합니다.

```
for 변수 in range(시작값, 끝값):
    반복하고 싶은 처리
```

이때 변숫값에 시작값은 포함하지만 끝값은 포함하지 않습니다. 예를 들어,
range(3, 7)이라고 지정하면 변수에는 3, 4, 5, 6이라는 값이 순서대로 들어갑니다
(그림 4-6의 loop2.py). 루프의 변수를 바꿈으로써 이중, 삼중으로 반복할 수도 있
으며, 각 변숫값이 차례로 바뀝니다(그림 4-6의 loop3.py).

조건을 만족하는 동안만 실행한다 //

사전에 횟수나 리스트가 정해져 있지 않고, 조건을 충족하는 동안만 반복하는 방법
이 있습니다(그림 4-7). Python에서는 while의 뒤에 조건을 지정하는 경우이며,
그 뒤에 이어지는 블록에 기술된 처리를 반복 실행할 수 있습니다.

```
while 조건:
    조건을 만족하는 동안만 실행하고 싶은 처리
```

| 그림 4-6 | 횟수를 지정한 반복처리, 리스트의 반복 예 |

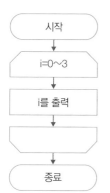

```
>   loop1.py

for i in range(4):
    print(i)
```

```
>   실행결과

C:\>python loop1.py
0
1
2
3
```

```
>   loop2.py

for i in range(3,7):
    print(i)
```

```
>   loop3.py

for i in range(3):
    for j in range(3):
        print([i, j])
```

```
>   실행결과

C:\>python loop2.py
3
4
5
6
```

```
>   실행결과

C:\>python loop3.py
[0, 0]
[0, 1]
…(중략)
[2, 2]
```

| 그림 4-7 | 조건을 지정한 반복 |

```
>   loop4.py

i = 0
while i < 3:
    print(i)
    i += 1
```

```
>   실행결과

C:\>python loop4.py
0
1
2
```

Point

✔ 횟수를 지정하여 반복한다, 리스트를 순서대로 처리하는 경우는 for를 사용한다.

✔ 조건을 만족하는 경우에만 반복할 경우는 while을 사용한다.

≫ 일련의 처리를 묶어서 다룬다

함수와 프로시저

여러 번 같은 처리를 실행하는 경우, 실행하는 횟수만큼 같은 코드를 반복해서 써서 실현할 수 있지만, 한 번에 처리를 정의할 수도 있습니다. 이처럼 일련의 처리를 정의한 것을 **함수**나 **프로시저**, 서브루틴 등으로 부릅니다(그림 4-8).

함수를 정의하면 해당 함수를 호출하는 것만으로 처리를 실행할 수도 있고, 파라미터를 바꿔서 실행할 수도 있습니다. 또한, 처리 내용을 수정할 일이 생겨도 그 처리를 구현한 함수의 내용만 바꾸면 됩니다.

프로그래밍 언어에 따라 다르지만, 값을 넘겨주고 일련의 처리를 해서 '결과를 받는 것'을 함수, '결과를 받지 않는 것'을 프로시저로 구분하는 경우가 있습니다.

인수와 반환값

함수나 프로시저에 넘겨주는 파라미터를 **인수**라고 하며, 인수에는 '가인수'와 '실인수' 2종류가 있습니다. 가인수는 함수 선언에 사용되는 인수이며, 실인수는 함수를 호출할 때 함수에 전달하는 인수입니다.

그림 4-9와 같은 함수에서 width와 height가 가인수고, 3과 4, 2와 5, 4와 7이 실인수입니다.

함수에서 함수를 호출한 곳으로 반환하는 값을 반환값이라 합니다. 화면에 출력만 하는 함수나 처리를 하나로 모으고 싶은 것뿐이라면, 값을 반환하지 않는 함수(프로시저)나 인수가 없는 함수를 만들 수도 있습니다.

Python에서 함수를 정의하려면 다음과 같이 합니다.

```
def    함수명(인수):
       실행할 처리
          ...
       실행할 처리
       return 반환값
```

그림 4-8 처리를 모은다

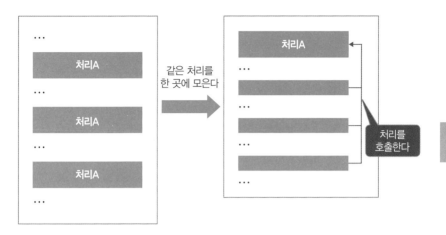

그림 4-9 함수의 예

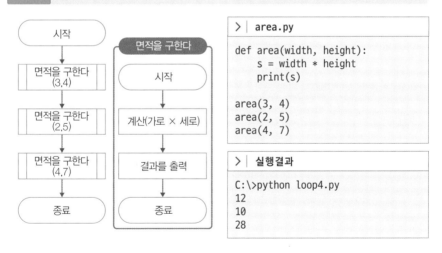

> | area.py

```python
def area(width, height):
    s = width * height
    print(s)

area(3, 4)
area(2, 5)
area(4, 7)
```

> | 실행결과

```
C:\>python loop4.py
12
10
28
```

Point

✔ 함수나 프로시저를 정의해 호출함으로써 인수를 변경하면서 같은 작업을 몇 번이
든 실행할 수 있다.

✔ 함수나 프로시저에 넘겨주는 파라미터를 인수라고 하고, 반대로 함수에서 호출한
쪽에 돌려주는 값을 반환값이라고 한다.

4-5

값 전달, 참조 전달, 이뮤터블, 뮤터블

≫ 함수에 파라미터를 넘겨준다

호출한 쪽에 영향을 주지 않는 값 반환

함수가 호출되었을 때 실인수 이외에 가인수도 변수 영역이 확보됩니다. 이 영역은 고정 장소가 아니라 함수가 호출되면 확보되고, 함수의 실행이 종료되면 해제됩니다. 함수의 가인수에 실인수의 값을 복사하여 건네주는 방법을 **값 전달**이라고 합니다. 어디까지나 '복사'이므로, 함수 안에서 가인수의 값을 변경해도, 호출한 쪽의 실인수 값은 변경되지 않습니다(그림 4-10).

호출한 쪽 값도 변경하는 참조 전달

함수의 가인수에 실인수의 메모리상의 장소(어드레스)를 넘겨주는 방법을 **참조 전달**이라고 합니다. 포인터처럼 메모리상에 확보된 영역의 위치를 넘겨줌으로써 그 위치에 있는 변수의 내용을 읽고 쓸 수 있는 구조입니다.

참조 전달에서는 함수 안에서 가인수 값을 변경한다는 것은 가인수가 가리키는 장소에 있는 값을 바꿔 쓰는 것을 의미합니다. 즉, 함수 안에서 값을 변경하면 호출한 쪽의 실인수 값도 변경됩니다.

Python에서 값 전달 방법

C언어 등의 경우는 값 전달과 참조 전달을 개발자가 소스 코드에서 지정하지만, Python에서는 기본적으로 참조 전달을 사용합니다. 이때, 인수의 자료형에 따라 동작이 약간 다릅니다(그림 4-11).

예를 들어, 수치나 문자열은 작성한 후에 값을 변경할 수 없습니다. 이러한 형을 **이뮤터블**이라고합니다. 이뮤터블한 형의 경우 참조 전달이라도 값 전달과 같은 동작을 합니다.

한편, 리스트나 사전 등의 경우 작성한 후에도 값을 변경할 수 있습니다. 이러한 형을 **뮤터블**이라고 하며, 참조 전달과 같은 동작을 합니다.

따라서 Python에서는 인수의 형을 의식하고 구현해야 합니다.

그림 4-10	값 전달과 참조 전달의 차이

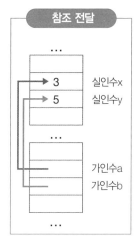

그림 4-11	Python에서의 처리 결과의 차이

이뮤터블한 형의 경우

```
> | add1.py

def add(a):
    a += 1
    print(a)

x = 3
add(x)
print(x)
```

```
> | 실행결과

C:\>python add1.py
4
3
```

뮤터블한 형의 경우

```
> | loop3.py

def add(a):
    a[0] += 1
    print(a[0])

x = [3]
add(x)
print(x[0])
```

```
> | 실행결과

C:\>python add2.py
4
4
```

Point

✔ 값 전달에서는 함수 내에서 가인수 값을 변경해도 실인수 값이 변경되지 않지만,
참조 전달에서는 가인수 값을 변경하면 실인수 값도 변경된다.

4-6 스코프, 글로벌 변수, 로컬 변수

≫ 변수의 유효범위를 결정한다

변수 덮어쓰기를 방지하는 스코프

변수를 프로그램의 어디에서나 읽고 쓸 수 있으면 편리하지만, 반대로 곤란할 때도 있습니다. 큰 프로그램에서 같은 이름의 변수를 사용하면, 다른 곳에서 내용이 덮어쓰기가 될 수도 있습니다. 혼자서 개발할 때는 조심하면 되지만, 대규모 프로젝트에 여러 개발자가 참가하면 모든 소스 코드의 변수를 확인하는 것은 번거롭습니다.

그래서 변수에는 유효 범위가 정해져 있으며, 이 범위를 **스코프**라고 합니다(그림 4-12). 프로그래밍 언어에 따라 그 범위는 다르지만, 다음 2가지 스코프는 대부분의 언어에 존재합니다.

어디에서든 접근할 수 있는 글로벌 변수

프로그램의 어디에서나 접근할 수 있는 변수를 **글로벌 변수**라고 합니다. 글로벌 변수를 사용하면, 함수와 데이터를 주고받을 때 인수나 반환값을 사용하지 않고 주고받을 수 있습니다.

이런 점은 편리한 반면, 다른 곳에서 정의된 변수에 잘못 액세스할 위험이 있습니다. 즉, 예기치 않게 다른 변수의 내용을 바꿔 쓸 가능성이 있어 예상치 못한 버그로 이어집니다.

일부에서만 접근할 수 있는 로컬 변수

함수 내부 등 일부에서만 접근할 수 있는 변수를 **로컬 변수**라고 합니다. 로컬 변수를 사용하면 다른 함수에서 사용한 것과 같은 이름의 변수를 사용해도 별다른 영향을 주지 않습니다. 따라서 될 수 있는 한 변수의 범위를 좁히는 것이 중요합니다. 가능한 한 글로벌 변수를 사용하지 말고, 로컬 변수를 사용하도록 합시다(그림 4-13).

덧붙여, Python의 함수 내에서 글로벌 변수와 같은 이름의 변수를 사용하면 로컬 변수가 되기 때문에, 사용할 때는 사전에 정의해 둘 필요가 있습니다.

그림 4-12 변수의 스코프

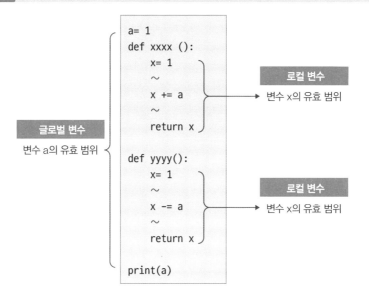

그림 4-13 스코프에 따른 실행 결과의 차이

```
> | scope1.py

x = 10
def reset():
    x = 30
    a = 20
    print(x) # 30을 출력
    print(a) # 20을 출력

reset()
print(x) # 10을 출력
print(a) # 에러
```

```
> | scope2.py

x = 10
def reset():
    global x
    x = 30
    print(x) # 30을 출력

reset()
print(x) # 30을 출력
```

Point

✔ 변수의 스코프로서 글로벌 변수와 로컬 변수가 많은 언어에 존재한다.

✔ 글로벌 변수를 사용하면 다른 변수의 내용을 바꿔버릴 위험이 있으므로, 가능한 한 로컬 변수로만 처리하는 것이 바람직하다.

≫ 파라미터를 바꾸면서 같은 처리를 반복 실행한다

함수 안에서 함수를 호출하는 재귀 //

함수가 함수 안에서 자신을 호출하는 식으로 작성하는 방식을 **재귀**(재귀 호출)라고 합니다. 가까운 재귀의 예로서, 그림 4-14와 같이 카메라로 텔레비전을 촬영하는 장면을 생각할 수 있습니다. 카메라로 촬영하는 내용을 그 텔레비전에 표시하면, 끝없이 반복해서 텔레비전 영상이 표시됩니다.

그냥 호출하면 무한히 처리가 이어지기 때문에, **종료 조건을 반드시 지정해야 합니**다. 함수 안에서 호출할 때는 원래의 인수보다 작은 값을 사용하는 것이 포인트입니다. 즉, 큰 처리를 작은 처리로 분할해서 생각합니다.

재귀의 예로는 피보나치 수열을 자주 듭니다. 피보나치 수열은 직전의 두 개 항을 더해서 생기는 수열로 '1, 1, 2, 3, 5, 8, 13, 21, 34, 55, ...'와 같이 무한히 계속됩니다. 즉, '1+1=2, 1+2=3, 2+3=5, 3+5=8, 5+8=13, 8+13=21,......' 처럼 처음 두 개항을 정하면, 순서대로 뒤의 항을 구할 수 있습니다. 여기서 n항을 구하려면 직전 2개의 항의 합을 계산하면 되므로, 그림 4-15와 같은 프로그램으로 구할 수 있습니다.

이 함수를 보면 fibonacci라는 함수 안에서 다시 fibonacci 함수가 호출되는 것을 알 수 있습니다. 이것이 재귀입니다.

루프로 재귀와 같은 결과를 얻는다 //

재귀는 여러 번 같은 함수가 호출되므로, 계층이 너무 깊어지면 스택 오버플로(6-19절 참조)가 발생할 가능성이 있습니다. 그래서, 재귀를 사용하지 않고 바꿔쓰는 경우가 있습니다.

예를 들어, 재귀를 일반 루프로 변환하는 방법입니다. 위의 피보나치 수열의 경우 그림 4-16처럼 루프로 변환할 수 있습니다. 이것은 리스트의 요소를 앞에서부터 순서대로 바꿔쓰면서 처리하고, 마지막까지 처리되면 리스트의 마지막 요소를 출력하는 것입니다.

스택을 소비하지 않는 **꼬리 재귀**라고 하는 형식으로 변환하는 방법도 있습니다.

그림 4-14 재귀의 이미지

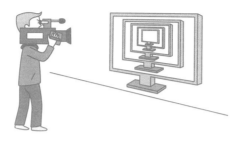

그림 4-15 피보나치 수열을 구하는 프로그램(재귀)

```
>| fibonacci_recursive.py

def fibonacci(n):
    if (n == 0) or (n == 1):
        return 1
    return fibonacci(n - 1) + fibonacci(n - 2)

n = 10
print(fibonacci(n))
```

그림 4-16 피보나치 수열을 구하는 프로그램(루프)

```
>| fibonacci_loop.py

n = 11
fibonacci = [0] * n
fibonacci[0] = 1
fibonacci[1] = 1
for i in range(2, n):
    fibonacci[i] = fibonacci[i - 1] + fibonacci[i - 2]

print(fibonacci[-1])
```

Point

✔ 함수 안에서 자신의 함수를 호출하는 것을 재귀라고 한다. 소스 코드를 단순하게 할 수 있으나, 스택 오버플로에 주의가 필요하다.

✔ 재귀를 루프로 변환하여, 계층이 깊어지는 것을 막을 수 있는 경우도 있다.

≫ 예상 밖의 사태에 대응한다

예상 밖의 문제를 방지하는 예외처리

문법적인 오류가 있으면 프로그램이 제대로 작동하지 않는 게 당연하지만, 예상하지 않은 데이터가 주어졌을 때 처리되지 않는 경우도 있습니다. 이와 같이 시스템 설계 시점에서 예상하지 못해 실행 시에 발생하는 문제를 **예외**라고 합니다(그림 4-17).

예외에는 '예상하지 못한 입력' '하드웨어 고장 발생' '지정된 파일이나 데이터베이스가 없음' '처리할 수 없는 계산' 등 다양한 패턴이 존재합니다.

예외가 발생하면 시스템이 정지되거나 처리 중인 데이터가 손실될 수 있으므로, 예외가 발생하지 않도록 하거나 발생했을 경우의 영향을 최소화해야 합니다.

프로그래밍 언어에 따라서는 함수 등에서 예상하지 못한 입력을 받았을 경우, 처리 결과를 반환하는 것이 아니라, 예외를 발생시키는 기능이 있습니다. 예외가 발생한 경우에 호출한 곳에서 그 예외를 처리하도록 구현하는 등 문제가 발생해도 문제 없이 처리하는 것을 **예외처리**라고 합니다(그림 4-18).

예외처리를 지원하지 않는 프로그래밍 언어에서는 함수의 반환값에 따라 그 처리를 할당하는 방법이 사용됩니다. 단, 문제가 발생해도 처리를 계속할 수 있다는 점이나 반환값의 체크가 복잡해지는 등의 문제가 있어, 최근의 언어는 대부분 예외를 지원하고 있습니다.

초보자가 간과하기 쉬운 제로 나눗셈

정수를 0으로 나누어 버림으로써 발생하는 예외를 **제로 나눗셈**이라고 합니다. 초보 프로그래머가 간과하기 쉬운 예외로 분모가 0이 아니면 문제없이 처리할 수 있지만, 분모에 0이 들어갈 가능성이 있는 경우에는 나눗셈 처리를 하지 않도록 설계해야 합니다.

그림 4-17 예외의 예

프로그래밍 상의 문제

• 외부 API를 호출하자, 그 안에서 예외가 발생했다	• 배열 범위 밖으로 접근했다 • 0으로 나누려고 했다

수정불가능 ←→ **수정가능**

• 다른 프로세스에서 파일이 잠겨있었다. • 파일에 저장하려는데 빈 공간이 없었다.	• 지정된 파일을 열 때, 그 파일이 존재하지 않았다.

시스템, 이용자의 문제

Chapter 4

그림 4-18 Python에서의 예외처리

```
> | zero_div.py
```

```
x = int(input('x = '))
y = int(input('y = '))

try:
    print(x // y)              ← 예외가 발생할 가능성이 있는 처리
except ZeroDivisionError:
    print('0으로 나눌 수 없습니다.')   ← 예외가 발생했을 때 실행할 처리

print('여기는 반드시 실행된다.')
```

```
> | 실행결과1
```

```
C:\>python zero_div.py
x = 6
y = 2        ← y에 0 이외의 값을 지정
3
여기는 반드시 실행된다.
```

```
> | 실행결과2
```

```
C:\>python zero_div.py
x = 6
y = 0        ← y에 0을 지정
0으로 나눌 수 없습니다.
여기는 반드시 실행된다.
```

Point

✔ 예상 밖의 입력 등이 주어졌을 때 발생하는 문제를 예외라고 한다
✔ 예외 발생 시 프로그램이 비정상적으로 종료되지 않도록 예외처리를 구현해 둘 필요가 있다.

≫ 반복 처리를 다룬다

배열 등의 반복

배열 요소를 순서대로 처리할 경우 for를 사용한 루프로 반복하는 것이 일반적입니다. 이때, 요소의 수만큼 루프를 반복하고, 요소의 인덱스(위치)를 바꿈으로써 각 요소에 접근합니다.

하지만 이때 프로그래머가 본질적으로 하고 싶은 것은 인덱스를 바꾸는 것이 아니라 배열 요소에 순차적으로 접근하는 것입니다. 연결 리스트와 같은 데이터 구조에서는 요소를 탐색하면서 접근해야 합니다. 하지만, 요소의 개수를 세어서 목표로 하는 요소를 구하는 것이 아니라, 대상의 요소에 접근하는 것이 본래의 목적일 것입니다.

이러한 본질에 주목해, 요소로의 접근을 추상화하는 방법을 **이터레이터**라고 합니다 (그림 4-19). 이터레이터를 사용하면, 선두 요소부터 순서대로 접근할 수 있는 데이터 구조라면 어떤 데이터 구조에서도 마찬가지로 소스 코드를 작성할 수 있습니다.

Python에서는 for의 반복 조건으로서 리스트를 지정하고 그 리스트에 포함된 요소를 순서대로 접근할 수 있습니다(그림 4-20). 리스트의 내용을 열거하거나 리스트의 내용을 변수에 대입하면 그 변수명도 지정할 수 있습니다.

```
for 변수 in 리스트:
    반복하고 싶은 처리
```

집합을 다루는 함수에서 사용한다

이터레이터를 사용하면, 리스트든 연결 리스트든 독자적인 클래스든 순서대로 따라갈 수 있는 데이터 구조라면 인수로 건네주기만 하면 똑같이 쓸 수 있습니다. 루프뿐만 아니라 합계나 최댓값을 구하는 함수라도 수치형 데이터를 차례로 꺼낼 수 있으면 똑같이 사용할 수 있습니다. 예를 들어, Python에서 합계를 구하는 sum 함수나 최댓값을 구하는 max 함수는 인수로서 이터레이터를 사용할 수 있으므로, 독자적인 클래스에 대해 처리할 수도 있습니다.

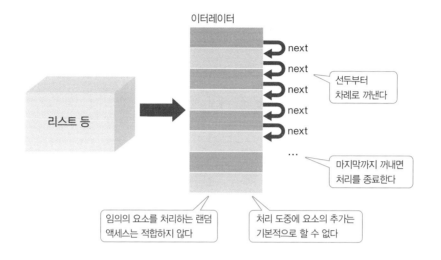

그림 4-19 이터레이터의 이미지

이터레이터

리스트 등

next
next
next
next
next
...

선두부터
차례로 꺼낸다

마지막까지 꺼내면
처리를 종료한다

임의의 요소를 처리하는 랜덤
액세스는 적합하지 않다

처리 도중에 요소의 추가는
기본적으로 할 수 없다

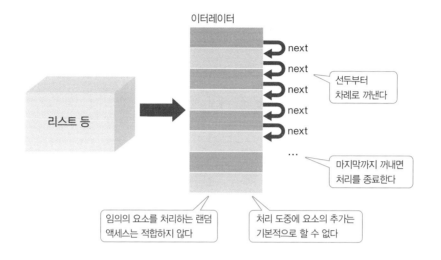

그림 4-20 이터레이터의 반복

리스트의 내용을 나열하는 경우	리스트의 내용을 대입한 변수를 지정하는 경우
> | loop_list1.py	> | loop_list2.py

리스트의 내용을 나열하는 경우

> | loop_list1.py

```
for i in [4, 1, 5, 3]:
print(i)
```

> | 실행결과

```
C:\>python loop_list1.py
4
1
5
3
```

리스트의 내용을 대입한 변수를 지정하는 경우

> | loop_list2.py

```
a = [4, 1, 5, 3]
for i in a:
    print(i)
```

> | 실행결과

```
C:\>python loop_list2.py
4
1
5
3
```

Point

✔ 이터레이터를 사용하면 리스트의 선두부터 순서대로 접근하는 처리를 데이터 구조에 관계없이 동일하게 구현할 수 있다.

✔ Python에서는 sum이나 max 등 집합을 다루는 함수는 이터레이터를 인수로서 사용할 수 있다.

》》 필요 없는 메모리를 해제한다

정적으로 확보한 메모리의 경우 \\

그림 4-21처럼 함수의 인수나 블록 선두에서 변수를 확보하고 그 변수의 자료형에 맞는 값을 대입하는 장면을 생각해 보겠습니다. 정해진 크기로 변수를 확보하는 것을 정적인 확보라고 합니다. 로컬 변수를 정적으로 확보하게 되면, 해당 함수 등 변수의 유효 범위가 종료된 시점에서 그 변수에 확보된 값뿐만 아니라 변수가 저장된 메모리 영역도 해제됩니다.

이때는 그 변수를 위해 확보했던 영역을 다른 변수 등에서 재사용할 수 있습니다. 개발자는 메모리를 해제하기 위한 별도의 처리를 기술할 필요가 없으므로, 메모리 해제를 의식할 필요도 없습니다.

동적으로 확보한 메모리를 해제한다 \\

반면에, 그림 4-22처럼 실행 중에 요소 수가 바뀌는 배열을 사용하고 싶은 경우에는 실행 중에 필요한 만큼 메모리 영역을 확보합니다. 이것을 동적인 확보라고 합니다. 개발 시 선언하는 것은 시작 주소 영역뿐입니다. 이 영역은 함수가 종료되면 해제되지만, 그 주소에서 가리키는 내용은 해제되지 않습니다.

이래서는 해제되지 않은 영역을 재사용할 수 없기 때문에, 동적으로 영역을 확보하는 처리가 늘어나면 시간이 지날수록 컴퓨터가 메모리 부족에 빠지게 됩니다. 동적으로 확보한 영역은 프로그래머가 해제해 주는 처리를 구현해야 합니다. 그러나 해제하는 처리를 잊는 경우가 많아, **메모리 누수**가 발생합니다.

이를 방지하기 위해 최근 프로그래밍 언어는 개발자들이 메모리 해제 처리를 하지 않아도 불필요한 메모리를 자동으로 해제해 주는 **가비지 컬렉션**이라는 기능을 갖추고 있습니다.

가비지 컬렉션 방법은 언어나 처리 시스템에 따라 다양하지만, 프로그램 내 어느 곳에서도 참조되지 않은 메모리 영역을 찾아내서 그 영역을 강제로 해제해 줍니다.

그림 4-21 　정적인 메모리 확보

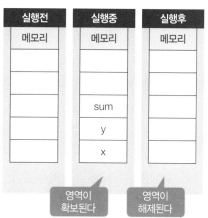

```
> | memory1.c

#include <stdio.h>

int func(x, y){ // ← 인수에서 확보
    int sum = x + y; // ← 선두에서 확보
    return sum;
}

int main(){
    printf("%d", func(3, 5));
}
```

실행전	실행중	실행후
메모리	메모리	메모리
	sum	
	y	
	x	

영역이
확보된다

영역이
해제된다

Chapter
4

그림 4-22 　동적인 메모리 확보

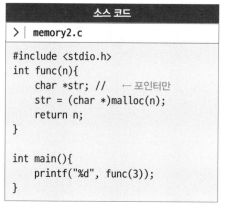

```
> | memory2.c

#include <stdio.h>
int func(n){
    char *str; // ← 포인터만
    str = (char *)malloc(n);
    return n;
}

int main(){
    printf("%d", func(3));
}
```

실행전	실행중	실행후
메모리	메모리	메모리
	str[2]	str[2]
	str[1]	str[1]
	str[0]	str[0]
	str	
	n	

영역이
확보된다

영역이 해제
되지 않는다

Point

✔ 함수 시작 부분 등에서 정적으로 확보한 메모리 영역은 해당 함수가 종료되면 자
　동으로 해제된다.

✔ 동적으로 확보한 메모리 영역은 자동으로 해제되지 않으므로 수동으로 해제해야
　하지만, 최근 프로그래밍 언어에서는 가비지 컬렉션에 의해 자동으로 해제되는 경
　우도 있다.

≫ 정렬의 기본을 배운다

데이터를 정렬한다

주소록이나 전화번호부, 사전 등 우리 주변에는 가나다 순으로 나열되는 것들이 많이 있습니다. PC에서 파일을 찾을 때도, 파일명이나 폴더명을 기준으로 나열하는 경우가 적지 않습니다.

물건 이름 뿐만 아니라, 업무에서 금액이나 날짜, 사적으로는 트럼프의 숫자 등 다양한 기준으로 데이터를 순서대로 나열합니다. 이렇게 일정한 기준으로 데이터를 나열하는 것을 **정렬**(sort)이라고 합니다.

여기에서는 수치 데이터가 배열에 들어 있는 것으로 하고, 프로그램으로 이 데이터를 오름차순으로 정렬하는 방법을 생각해 보겠습니다.

최솟값을 찾아 선두로 이동하는 선택 정렬

배열 안에서 가장 작은 요소를 선택해 앞에 있는 요소와 바꾸는 것을 반복하여 정렬하는 방법을 **선택 정렬**이라고 합니다(그림 4-23).

처음에는 배열 전체에서 최솟값을 찾고, 찾은 위치와 선두를 교환합니다. 다음은 배열의 두 번째 이후 요소에서 최솟값을 찾고, 발견된 위치와 배열의 두 번째를 교환합니다. 이 과정을 배열의 마지막 요소까지 반복하면 정렬이 완료됩니다.

정렬 완료 부분을 늘려가는 삽입 정렬

배열의 일부를 정렬 완료했다고 생각하고, 그 부분의 순서가 바뀌지 않도록 삽입할 수 있는 위치를 선두에서부터 찾으면서 적절한 위치에 데이터를 추가하는 방법을 **삽입 정렬**이라고 합니다(그림 4-24). 배열의 선두 부분을 정렬 완료로 하고, 나머지 요소들을 적절한 위치에 삽입해 나가는 방법입니다.

정렬된 부분은 교환이 발생하지 않기 때문에, 이미 정렬을 마친 배열에 요소를 추가하여 삽입 정렬을 진행하면 매우 빠르게 처리가 완료됩니다.

그림 4-23 선택 정렬

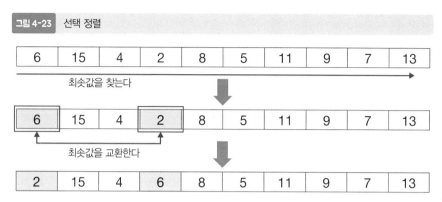

그림 4-24 삽입 정렬

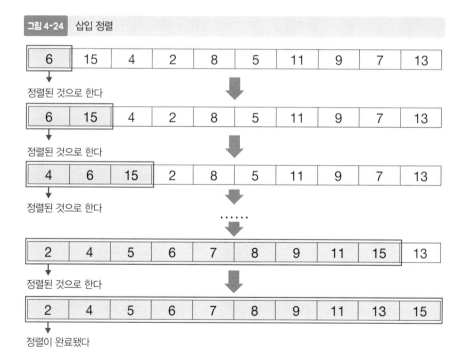

Point

✔ 데이터를 정렬하는 것을 소트라고도 하며, 구현이 용이한 방법으로 선택 정렬이나 삽입 정렬이 있다.

✔ 삽입 정렬은 이미 정렬된 배열에 대해서는 고속으로 동작한다.

≫ 구현하기 쉬운 정렬 방법을 알아본다

이웃끼리 교환을 반복하는 버블 정렬 //

배열의 인접한 데이터를 비교해서, 대소 관계에 따라 교환을 반복해 정렬하는 방법을 **버블 정렬**이라고 합니다(그림 4-25). 버블이라는 명칭은 데이터를 세로 방향으로 나열해서 정렬했을 때 데이터가 이동하는 모습을 물속에서 거품이 올라오는 모습에 비유한 것입니다. 교환을 반복한다고 해서 교환 정렬이라고 부르기도 합니다.

처음부터 끝까지 교체하면 첫 번째 교환은 끝이 나고, 두 번째는 맨 오른쪽 요소 이외에 대해 같은 작업을 반복합니다. 이 과정을 반복하면 모든 데이터를 정렬할 수 있습니다.

입력된 데이터가 사전에 정렬되어 있으면 교환은 일어나지 않지만, 비교는 항상 해야하므로 주어진 데이터 순서에 관계없이 거의 같은 시간이 걸립니다. 이 때문에 다른 방법에 비해 처리가 느린 특징이 있습니다.

이대로라면 실용적으로 사용될 일은 없지만, 구현하기가 쉽다는 점에서 정렬을 소개할 때 자주 다루어집니다. 또, 교환이 일어나지 않는 경우에 처리를 중단하는 등의 방법으로 속도를 조금 개선할 수 있습니다.

양방향 버블 정렬을 구현하는 칵테일 쉐이커 정렬 //////////////////////////////////////

버블 정렬은 한 방향으로만 요소를 교환하지만, 역방향으로도 교환을 실행해 양방향으로 번갈아가며 요소의 위치를 결정하는 방법도 있습니다. 이런 정렬 방법을 **칵테일 쉐이커 정렬**이라고 합니다(그림 4-26). 칵테일 쉐이커 정렬에서는 먼저 순방향으로 교환을 진행해 최댓값을 맨 뒤로 이동시키고, 다시 역방향으로 교환을 진행해 최솟값을 맨 앞으로 이동시킵니다.

따라서 버블 정렬에서는 뒤에서 순서대로 범위가 좁아지지만, 칵테일 쉐이커 정렬에서는 조사할 범위를 후방뿐만 아니라 전방에서도 좁힐 수 있습니다. 교환이 일어나지 않으면 그 부분은 정렬이 끝난 상태임을 알 수 있기 때문에, 정렬이 끝난 데이터라면 조사 범위를 좁힐 수 있어 버블 정렬보다 고속으로 처리할 수 있습니다.

그림 4-25   버블 정렬

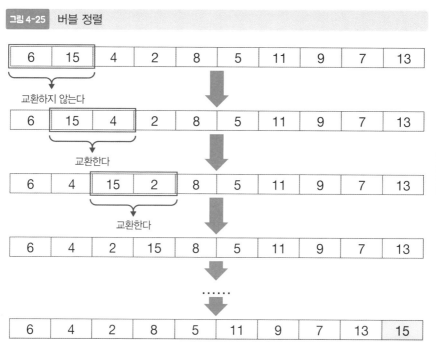

그림 4-26   칵테일 쉐이커 정렬

| 6 | 15 | 4 | 2 | 8 | 5 | 11 | 9 | 7 | 13 |

첫 번째는 최댓값을 오른쪽으로

| 6 | 4 | 2 | 8 | 5 | 11 | 9 | 7 | 13 | 15 |

두 번째는 최솟값을 왼쪽으로

| 2 | 6 | 4 | 8 | 5 | 11 | 9 | 7 | 13 | 15 |

세 번째는 나머지 중 최댓값을
오른쪽으로

정렬이 끝날 때까지 처리를 반복한다

Point

✔ 이웃한 데이터 교환을 반복하여 정렬하는 방법을 버블 정렬이라고 한다. 처리는 느리지만 구현이 용이하여 자주 소개된다.

✔ 버블 정렬을 개선한 칵테일 쉐이커 정렬도 탐색 범위를 좁힘으로써 좀 더 빠르게 처리할 수 있는 알고리즘으로 알려져 있다.

≫ 정렬을 고속화한다

어떤 데이터라도 고속으로 처리할 수 있는 머지 정렬 //////////////////////////////////

정렬하고 싶은 데이터가 모두 뿔뿔이 흩어진 상태에서 이들의 통합(merge)을 반복해 정렬하는 방법을 **머지 정렬**이라고 합니다. 머지 정렬은 통합할 때 그 내부에서 작은 순서로 나열함으로써 전체가 하나가 되었을 때 모든 것이 정렬된다는 특징이 있습니다(그림 4-27).

배열의 경우 모든 데이터가 따로따로 들어가 있으므로 분할하는 처리는 필요가 없고, 통합할 때 정렬을 반복하기만 하면 전체 정렬이 완료됩니다.

두 개의 데이터를 통합할 때, 각 데이터의 선두부터 차례대로 처리하기만 하면 되므로, 배열뿐만 아니라 테이프 장치(카세트 테이프처럼 테이프에 데이터를 기록하는 장치. 랜덤으로 접속할 수는 없지만 선두부터 순서대로 액세스할 경우에는 고속으로 처리할 수 있다) 등에서도 동일하게 구현할 수 있다는 특징이 있습니다. 또한, **어떠한 데이터라도 안정적이고 빠르게 처리할 수 있습니다.**

단, 통합된 결과를 저장할 영역이 필요하며, 그만큼 공간을 소비합니다.

기준 선택이 중요한 퀵 정렬 //

데이터가 들어간 배열을 기준으로 선택한 값보다 작은 요소와 큰 요소로 배열의 데이터를 나누는 작업을 반복해서 정렬하는 방법을 **퀵 정렬**이라고 합니다. 퀵 정렬에서는 더 나눌 수 없는 크기까지 값을 분할하고 나서 그것을 나열해서 정리합니다(그림 4-28).

분할 기준이 되는 요소의 선택이 중요해서, 잘만 선택하면 매우 빠르게 처리할 수 있습니다. 반면에 가장 작거나 가장 큰 요소를 기준으로 선택하면, 선택 정렬과 같은 처리 속도 밖에 얻을 수 없습니다.

기준이 되는 요소는 선두나 말미의 요소를 사용하거나 3가지 정도 선택하여 그 평균을 취하는 방법이 있으며, 일반적으로는 다른 정렬 방법보다 더 빠르게 처리할 수 있는 것으로 알려져 있습니다.

그림 4-27　머지 정렬

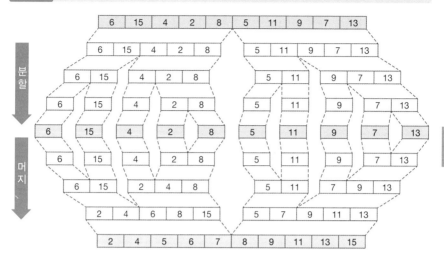

그림 4-28　퀵 정렬

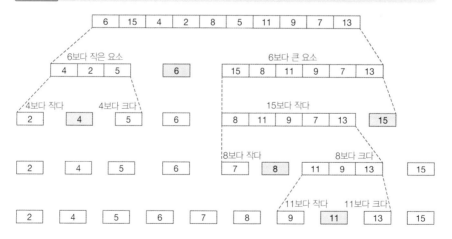

Point
✔ 머지 정렬이나 퀵 정렬을 이용하면 구현은 복잡하지만 빠르게 처리할 수 있다.
✔ 퀵 정렬은 선택한 기준에 따라 성능이 크게 달라질 수 있다.

≫ 처리에 걸리는 시간을 알아본다

환경에 구애받지 않고 성능을 평가할 수 있는 복잡도

알고리즘의 좋고 나쁨을 생각할 때, 처리 속도는 알기 쉬운 지표가 됩니다. 처리 속도를 알고 싶을 때, 실제로 프로그램을 구현해서 처리에 걸린 시간을 측정하는 방법은 바로 떠올릴 수 있습니다. 그러나 구현해 봐야 처리에 걸리는 시간을 알 수 있다는 말은 설계 단계에서 적절한 알고리즘을 선택할 수 없다는 것을 의미합니다.

또, 탑재하는 CPU의 종류나 주파수, OS의 종류와 버전 등 실행하는 환경에 의한 차이 뿐만이 아니라, 구현한 프로그래밍 언어에 따라서도 처리 시간은 달라집니다.

그래서, 환경이나 개발 언어에 의존하지 않고 알고리즘의 성능을 평가하기 위한 지표로서 **복잡도**를 사용합니다. 처리에 걸리는 시간을 알아보기 위해서 입력된 데이터량에 대해서 실행한 명령의 수가 어느 정도의 페이스로 늘어나는지 비교하는 방법이 자주 사용됩니다(그림 4-29).

주어진 데이터에 따라 복잡도가 크게 달라지는 경우가 있으므로, 가장 시간이 많이 걸리는 데이터를 입력했을 때 복잡도를 고려합니다. 이것을 최악 시간 복잡도(worst case time complexity)라고 합니다.

복잡도의 변화를 나타내는 빅오 표기법

복잡도를 $3n^2+2n+1$이라는 수식으로 표현했을 때, 전체에 큰 영향이 없는 항($2n+1$)과 계수(3)를 생략하여, 데이터가 증가했을 때의 복잡도의 대략적인 변화를 기술하는 방법으로 **빅오 표기법**이 자주 사용됩니다. 빅오 표기법은 O(오더) 기호를 사용해 $O(n)$이나 $O(n^2)$, $O(\log n)$처럼 기술합니다(그림 4-30).

빅오 표기법을 사용함으로써 $O(n)$과 $O(n^2)$의 두 알고리즘이 있을 때 $O(n)$ 알고리즘 쪽이 작은 복잡도로 처리할 수 있다는 것(처리 시간이 짧다)을 바로 판단할 수 있습니다. 또한, 입력 데이터량 n이 변했을 때 계산 시간이 어느 정도 변할지 쉽게 상상할 수 있습니다.

그림 4-29 복잡도 비교

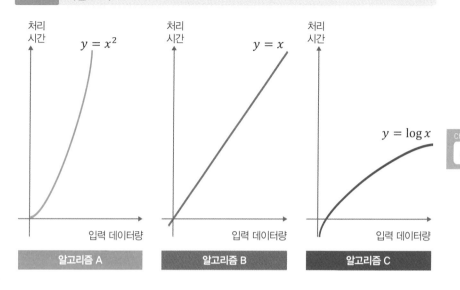

그림 4-30 빅오 표기법 비교

처리시간	오더	예
짧다	$O(1)$	배열 액세스 등
↑	$O(\log n)$	이진 탐색 등
	$O(n)$	선형 탐색 등
	$O(n \log n)$	머지 정렬 등
	$O(n^2)$	선택 정렬, 삽입 정렬 등
↓	$O(2^n)$	냅색(knapsack) 문제 등
길다	$O(n!)$	순회 세일즈맨 문제 등

Point

✔ 알고리즘의 성능을 평가하는 지표로 복잡도가 자주 사용되며, 일반적으로 최악 시간 복잡도로 생각한다.

✔ 복잡도를 나타낼 때는 빅오 표기법이 쓰이며, 전체 복잡도에 큰 영향이 없는 항이나 계수를 생략하여 표현한다.

≫ 배열 리스트에서 원하는 값을 찾는다

앞에서부터 순서대로 찾는 선형 탐색

배열에 저장된 데이터에서 특정 요소를 검색할 경우, 배열의 처음부터 끝까지 순서대로 살펴보면 꼭 원하는 데이터를 찾을 수 있습니다. 배열에 저장되어 있지 않은 데이터라도 끝까지 조사해야 존재하지 않는다는 것을 알 수 있습니다. 이처럼 앞에서부터 순서대로 탐색하는 방법을 **선형 탐색**이라고 합니다(그림 4-31, 그림 4-32). 프로그램의 구조가 매우 간단하고, 구현하기도 쉬워서 데이터 수가 적은 경우에는 유용한 방법입니다.

기준 데이터의 앞뒤를 찾는 이진 탐색

선형 탐색에서는 데이터가 증가한 경우에 시간이 걸립니다. 그래서, 우리가 사전이나 전화번호부를 찾아볼 때 어떤 페이지를 펼쳐보고 앞뒤를 판단하는 것처럼, **찾고 있는 데이터가 그 데이터의 앞인지 뒤인지를 판단하는 방법을 이진 탐색**이라고 합니다(그림 4-33).

한 번 비교하고 나면 탐색 범위가 절반이 되므로, 배열에 포함된 데이터 수가 2배가 되더라도 비교 횟수는 1회만 늘어납니다. 예를 들어 1,000건의 데이터가 있어도, 1회차에 500건으로 줄고, 2회차에는 250건으로 줄어들어, 이렇게 반복해 가다보면 10회차에 1건이 됩니다. 데이터량이 2,000건으로 늘어도 11번째에는 원하는 데이터를 찾을 수 있는 것입니다.

선형 탐색의 경우 1,000건이면 1,000회, 2,000건이면 2,000회의 비교가 필요하기 때문에 압도적인 차이가 생기는 것을 알 수 있습니다. 이런 차이는 건수가 늘어날수록 커집니다.

덧붙여 이진 탐색을 사용하려면, 데이터가 가나다 순 등 규칙적으로 나열되어 있어야 합니다. 또 데이터 개수가 적을 경우에는 처리 속도에 큰 차이가 나지 않아서, 선형 탐색이 사용되는 경우도 적지 않습니다.

따라서 취급하는 데이터의 양이나 데이터 갱신 빈도 등도 검토한 후에 탐색 방법을 결정해야 합니다.

그림 4-31　선형 탐색

| 50 | 30 | 90 | 10 | 20 | 70 | 60 | **40** | 80 |

그림 4-32　선형 탐색의 예

```
> | linear_search.py

def linear_search(data, value):
    # 선두부터 순서대로 반복해서 찾는다
    for i in range(len(data)):
        if data[i] == value:
            # 원하는 값을 찾았으면 위치를 반환한다
            return i
    # 원하는 값을 찾지 못했으면 -1을 반환한다
    return -1

data = [50, 30, 90, 10, 20, 70, 60, 40, 80]
print(linear_search(data, 40))
```

그림 4-33　이진 탐색

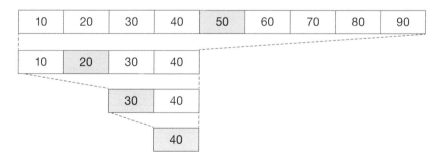

> **Point**
> ✔ 데이터가 적을 때는 선형 탐색을 사용하면 간단히 구현할 수 있다.
> ✔ 데이터가 많을 때는 데이터를 정렬한 후 이진 탐색 기법으로 탐색하면 고속으로 찾을 수 있다.

≫ 트리 구조를 순서대로 따라가며 탐색한다

계층으로 데이터를 가지는 트리 구조

탐색할 데이터가 저장되어 있는 것은 비단 배열뿐만이 아닙니다. 예를 들어 컴퓨터 폴더 안에 저장된 파일을 찾듯이, 계층 구조에 저장되어 있는 데이터를 찾는 것도 생각할 수 있습니다.

3-17절에서 설명했듯이 폴더와 같은 계층 구조의 데이터 구조는 일반적으로 트리 구조라고 불립니다. 이것은 나무의 위아래를 뒤집어 가지가 뻗어 있는 것처럼 보이기 때문에 붙여진 이름입니다.

깊이 우선 탐색 및 너비 우선 탐색

트리 구조를 탐색할 때 탐색을 시작하는 곳에서 가까운 것을 리스트업하고 다시 각각을 세밀하게 조사하는 방법을 **너비 우선 탐색**이라고 합니다. 책을 읽을 때 목차를 보고 전체를 파악하고, 다시 각각의 장의 개요를 읽고, 본문 내용을 읽어가듯이 서서히 깊게 탐색해 나가는 이미지입니다.

한편 트리 구조를 한 방향으로 갈 수 있는 만큼 진행하다가, 진행할 수 없게 되면 되돌아가는 방법을 **깊이 우선 탐색**(백트래킹)이라고 합니다(그림 4-34). 오셀로, 장기, 바둑 등 대전형 게임에서 수를 탐색할 경우에 필수적인 탐색 방법으로, 모든 패턴을 탐색할 때 많이 사용됩니다.

너비 우선 탐색을 사용하면, 원하는 조건에 맞는 것을 발견한 시점에서 처리를 종료할 수 있는 경우에는 고속으로 처리할 수 있습니다. 반면에, 모든 답을 찾을 경우에는 깊이 우선 탐색을 사용하면 현재 탐색 중인 경로상의 노드만 기억하면 처리를 진행할 수 있으므로, 너비 우선 탐색보다 메모리 사용량을 줄일 수 있습니다.

대전형 게임 등의 경우, 탐색 범위를 좁히기 위해 점수가 높은 것만 남기거나 우선적으로 탐색하는 **가지치기** 방법을 사용할 수도 있습니다(그림 4-35).

그림 4-34 너비 우선 탐색과 깊이 우선 탐색

너비 우선 탐색　　　　　　　**깊이 우선 탐색**

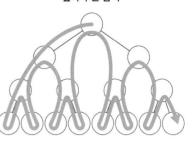

그림 4-35 대전형 게임에서의 가지치기

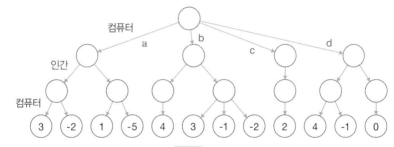

컴퓨터는 가장 점수가 높은 수를 선택　　　인간은 가장 점수가 낮은 수를 선택

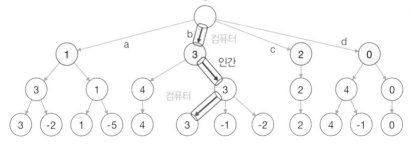

> **Point**
>
> ✔ 트리 구조 탐색 방법으로 너비 우선 탐색과 깊이 우선 탐색이 있으며, 각각의 특징을 이해하고 구분하여 사용할 필요가 있다.
>
> ✔ 대전형 게임에서는 가지치기로 탐색 범위를 좁히는 것이 중요하다.

≫ 어떤 문자열에서 다른 문자열을 찾는다

앞에서부터 탐색을 반복하는 완전 탐색법

긴 문장 안에서 특정 문자열을 찾는 일은 자주 있습니다. 예를 들면, 웹 사이트를 보면서 특정의 키워드가 페이지 내 어디에 있는지 찾거나 의사록을 작성하다가 다른 표기법은 없는지 같은 키워드의 존재를 검색하는 경우 등입니다. 이때 웹 브라우저나 문서 작성 소프트웨어에 있는 검색 기능을 사용하는 사람이 많습니다.

이러한 **문자열 탐색**을 구현할 때, 앞에서부터 순서대로 일치하는 문자열을 찾는 방법이 있습니다. 그림 4-36처럼 첫 번째 문자열이 일치하는지 비교하고, 일치하면 한 글자씩 늘리면서 다음 문자를 비교합니다. 만일 일치하지 않으면 탐색 대상을 한 글자 옮겨 키워드의 첫 글자부터 비교하는 코드를 반복함으로써, 원하는 키워드가 존재하는 위치를 찾을 수 있습니다.

끝까지 찾지 못하면 그 키워드가 존재하지 않는다는 것도 알 수 있습니다. 앞에서부터 차례로 전수 조사를 반복하므로 **완전 탐색법**(브루트포스, Brute Force)이라고 합니다. 효율은 그다지 높지 않아 보이지만, 실용적으로는 이 정도로도 충분합니다.

일치하지 않는 만큼 점프하여 탐색하는 BM법(Boyer-Moore법)

완전 탐색법으로는 일치하지 않았을 때 한 글자씩 이동하기 때문에, 다시 키워드의 처음부터 탐색해야 합니다. 하지만 문장 안에 찾고자 하는 키워드에 존재하지 않는 문자가 있다면, 그 부분을 찾는 것은 낭비입니다.

그래서 한 글자씩 이동하는 것이 아니라, 일치하지 않는 것을 알게 된 시점에서 많이 이동하는 방법을 고안했습니다. 이를 위해서는, 어느 정도의 문자 수를 이동할 수 있을지 사전에 계산해 둘 필요가 있습니다. 즉, 전처리로서 키워드 내의 문자에 대해서 이동할 문자 수를 계산해 둡니다.

검색하는 문자열의 뒤에서부터 비교해서, 일치하지 않는 경우는 사전에 계산한 문자 수만큼 단번에 이동합니다. 이로써 일치하지 않는 글자가 등장할 때면 크게 뛰어넘을 수 있게 되므로, 처리 속도를 개선할 수 있습니다. 이 방법을 **BM법**(Boyer-Moore법)이라고 합니다(그림 4-37).

그림 4-36　브루트포스법

'SHOEISHA SESHOP'에서 문자열 'SHA'를 찾는 경우

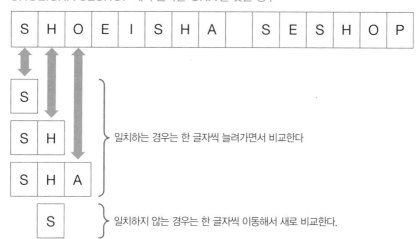

| S | H | O | E | I | S | H | A | | S | E | S | H | O | P |

S

S H

S H A

일치하는 경우는 한 글자씩 늘려가면서 비교한다

S

일치하지 않는 경우는 한 글자씩 이동해서 새로 비교한다.

그림 4-37　BM법

'SHOEISHA SESHOP'에서 문자열 'SHA'를 찾는 경우

문자	S	H	기타
이동할 문자 수	2	1	3

검색할 문자열 끝에서부터의 거리를 계산해 둔다.
※ 검색할 문자열에 등장하지 않는 문자에는 검색할 문자열의 길이를 설정해 둔다.

| S | H | O | E | I | S | H | A | | S | E | S | H | O | P |

뒤에서 비교하여 일치하지 않는 경우는 표의 글자 수만큼 이동한다.

| S | H | A |

S

Point

✔ 선두부터 순서대로 문자열을 탐색하는 방법으로는 완전 탐색(브루트포스)법이 있다.

✔ 문자열 탐색에서 개선된 방법으로 BM법이 있다.

한번 해봐요

간단한 프로그램을 만들어 보자

서점에서 판매하는 책 등 출판사에서 간행하는 출판물에는 ISBN(국제표준도서번호)이라는 번호가 부여됩니다. ISBN에는 10자리수와 13자리수의 2 종류가 있는데, 여기서는 13자리수의 ISBN에 대해 생각해 보겠습니다.

예를 들면, 이 책의 ISBN은 'ISBN978-4-7981-6328-4'입니다. 마지막 1자리는 '체크 디지트'라고 불리며, 입력했을 때 오류가 없는지 확인하기 위해서 사용됩니다. 이 책의 경우는 '4'가 체크 디지트입니다. 체크 디지트를 구하는 방법은 다음과 같습니다.

> 체크 디지트 이외의 숫자를 왼쪽부터 순서대로 1, 3, 1, 3...을 곱하고 그의 합을 계산한다. 이 합을 10으로 나눈 나머지를 10에서 뺀다. 단, 10으로 나눈 나머지 아래 1자리가 0일 때 체크 디지트는 0으로 한다.

이 책(〈그림으로 배우는 프로그래밍 구조〉)의 경우,

$9×1+7×3+8×1+4×3+7×1+9×3+8×1+1×3+6×1+3×3+2×1+8×3 =$
$9+21+8+12+7+27+8+3+6+9+2+24 = 136$

$136÷10=13$ 나머지 6이므로, $10-6=4$가 되어, 체크 디지트는 4입니다. 13자리 숫자로만 구성된 ISBN을 인수로 받아 체크 디지트를 반환하는 함수 check_digit를 다음과 같이 작성했을 때, 다음 '가', '나'에 들어갈 코드를 생각해 보세요.

```
> | check_digit.py

def check_digit(isbn):
    sum = 0
    for i in range(len(isbn) - 1):
        if [ 가 ]:
            sum += int(isbn[i])
        else:
            sum += int(isbn[i]) * 3
    if [ 나 ]:
        return 10 - sum % 10
    else:
        return 0
```

설계부터
테스트까지

알아두면 좋은 개발 방법과 객체 지향의 기본

5-1

코멘트, 인덴트, 네스트

≫ 읽기 쉬운 소스 코드를 작성한다

프로그램 동작에 영향을 주지 않는 코멘트

컴퓨터는 소스 코드에 기술된 대로 처리하지만, 종종 인간이 읽기 위한 메모 등이 적혀 있는 경우가 있습니다. 예를 들어, 복잡한 처리를 구현했을 때 그 처리가 왜 필요한지 이유를 남겨 두면, 소스 코드를 다시 봤을 때 바로 이해할 수 있습니다.

이런 메모 부분은 컴퓨터가 읽고 실행하지 않도록 특수한 표기법이 사용되며, 이를 **코멘트(주석)**라고 합니다(그림 5-1). 예를 들어, C언어나 PHP, JavaScript에서는 /*와 */ 사이에 들어간 부분이나 행 단위로 // 이후가 코멘트가 됩니다. Python이나 Ruby에서는 행 단위로 # 이후를 코멘트로 인식합니다. 코멘트는 프로그램 동작에 영향을 주지 않습니다.

프로그래머가 소스 코드를 읽으면 무엇을 하는지는 이해할 수 있겠지만, 왜 그렇게 구현했는지 배경이나 이유는 알 수 없을 것입니다. 코멘트에는 구현한 배경이나 이유, 소스 코드 요약 설명 등 코드를 읽는 사람의 이해를 돕는 정보를 기술해 두면 좋습니다.

프로그램을 읽기 편하게 해주는 인덴트와 네스트

많은 프로그래밍 언어에서는 소스 코드 안에 있는 복수의 스페이스나 탭은 무시하는 것이 일반적입니다. 이런 특징을 살려 인간이 소스 코드를 보기 편하게 할 목적으로, 조건분기나 루프 등의 제어구문 안쪽에 있는 행의 시작을 같은 수의 공백이나 탭을 넣어 들여쓰는 경우가 있습니다. 이런 표기법을 **인덴트**(들여쓰기)라고 합니다(그림 5-2).

조건분기 안에 루프가 있는 등 몇 단계로 제어구문이 나올 경우, 그 인덴트를 깊게 하는 방법이 사용되며, 이를 **네스트**(중첩구조)라고 합니다. 일반적으로는 인덴트는 프로그램 실행에 영향을 주지 않지만, Python에서는 인덴트로 프로그램 구조를 기술하게 되어 있어, 인덴트 위치를 변경하는 것만으로 동작이 달라지니 주의해야 합니다.

그림 5-1 코멘트의 예

>| C언어의 경우

```c
/*
* 소비세를 계산한다
* price: 금액
* reduced: 경감세율 대상인가
*/
int calc(int price, int reduced){
    if (reduced == 1){
        // 경감세율 대상은 8%
        return price * 0.08;
    } else {
        // 경감세율 대상이 아니면 10%
        return price * 0.1;
    }
}
```

>| Python의 경우

```python
# 소비세를 계산한다
# price: 금액
# reduced: 경감세율 대상인가
def calc(price, reduced):
    if reduced:
        # 경감세율대상인 경우는 8%
        return price * 0.08
    else:
        # 경감세율대상이 아닌 경우는 10%
        return price * 0.1
```

그림 5-2 인덴트

>| C언어의 경우

```c
#include <stdio.h>

int main(){
    int i, j;
    for (i = 2; i <= 100; i++){
        int is_prime = 1;
        for(j=2;j* j<=i;j++){
            if (i % j == 0){
                is_prime = 0;
                break;
            }
        }
        if (is_prime == 1){
            printf("%d\n", i);
        }
    }
    return 0;     인덴트
}
```

>| Python의 경우

```python
import math

for i in range(2, 101):
    is_prime = True
    for j in range(2, int(math.
    sqrt(i) + 1):
        if i % j == 0:
            is_prime = False
            break

    if is_prime:
        print(i)
```
인덴트

Point

✔ 코멘트는 프로그램 동작에는 영향을 주지 않지만, 소스 코드를 인간이 읽기 쉽게 (이해하기 쉽게) 하기 위해 사용된다.

✔ 들여쓰기를 함으로써 소스 코드의 행 첫머리를 가지런히 해서 읽기 쉽게 한다.

5-2

명명규칙, 코딩규약

» 소스 코드를 작성하는 규칙을 정한다

소스 코드에 사용하는 이름 규칙 //

프로그램을 개발하다 보면 이름을 지어야 하는 상황들이 많이 있습니다. 변수나 함수, 클래스나 파일 등을 식별하기 위해서는 이름이 필요합니다. 프로그래밍 언어에 따라 알파벳이나 숫자 등 이름에 사용할 수 있는 문자에 제한이 있지만, 그 제한 내라면 자유롭게 이름 붙일 수 있습니다. 그런데 변수 이름이나 함수 이름에 아무렇게나 이름을 붙여버리면, 나중에 소스 코드를 읽었을 때 그 변수나 함수가 무슨 일을하고 있는지 알 수 없게 됩니다. 그러므로 누가 봐도 그 의미를 이해할 수 있는 이름을 붙이는 것이 좋습니다.

이때 **명명규칙**이라고 불리는 네이밍 규칙이 있는데, 명명규칙에는 많은 표기법이 고안되었습니다. 예를 들어 헝가리안 표기법은 변수명 등에 사용되는 규칙으로 이름 앞에 접두사를 붙입니다(그림 5-3). 변수명의 경우 접두사만 봐도 변수의 형을 알 수 있다는 장점이 있습니다.

또한, 대문자와 소문자의 사용법으로 카멜 케이스, 스네이크 케이스, Pascal 케이스 등이 있습니다(그림 5-4). 언어에 따라 권장하는 기법이 있으므로 이름을 붙일 경우에는 그 규칙을 따르도록 합니다.

소스 코드의 품질을 높이기 위한 기술 규칙 //

명명규칙 이외에도 프로그램의 보수성과 품질을 높이기 위해 프로젝트별로 기술하는 규칙이 정해져 있는 것이 일반적입니다. 이러한 규칙을 **코딩규약**이라고 합니다(그림 5-5).

예를 들어, 들여쓰기를 할 때 공백을 사용할지 탭을 사용할지, 띄어쓰기를 하면 몇 자리로 할지, 블럭을 표현하는 괄호를 어떻게 배치할지, 코멘트는 어떤 스타일로 작성할 것인지 등이 정해져 있습니다.

프로그래밍 언어에 따라 **표준 가이드라인**이 정해져 있는 경우도 있고, 정해진 규칙에 맞는지 체크하는 툴이나 자동 정형 툴이 준비되어 있는 경우도 있습니다.

그림 5-3 헝가리안 표기법의 예

접두사	의미	사용례
b	논리형	bAgreeFlag
ch	문자형	chRank
n	정수형(int)	nCount
s	문자열형	sUserName
h	핸들형	hProcWindow

그림 5-4 대문자, 소문자의 사용법

이름	사용 방법	사용례
카멜 케이스	첫 단어 이외의 시작 문자를 대문자로 한다	getName
스네이크 케이스	단어 사이에 언더바를 넣는다	get_Name
Pascal 케이스	각 단어의 시작은 항상 대문자로 한다	GetName
케밥 케이스	단어 사이에 하이픈을 넣는다	get-name

그림 5-5 Python 코딩 규칙 PEP-8의 예

코드 레이아웃

- 인덴트는 반각 스페이스 4개
- 한 행의 길이는 79문자 이하
- 톱레벨 함수나 클래스는 2줄씩 띄어 정의
- 클래스 내부에서는 한 줄씩 비워 메소드 정의
- 소스 코드는 UTF-8

식이나 문 안의 공백문자

- 괄호나 브라켓, 중괄호 시작 직후와 끝 직전에는 공백을 넣지 않는다.
- 콤마와 세미콜론, 콜론의 직전에는 공백을 넣지 않는다.

명명규칙

- 모듈 이름은 모두 소문자 짧은 이름(언더스코어를 사용 가능)
- 패키지 이름은 모두 소문자 짧은 이름(언더스코어 사용 비권장)
- 클래스 이름은 CapWords 방식 (Pascal 케이스)

Point

✔ 언어에 따라 명명규칙이나 코딩규약이 다르다. 각 언어에 맞게 변수명, 함수명, 클래스명 등을 붙일 필요가 있다.

✔ Python의 코딩규약으로 PEP-8이 있다.

≫ 구현 오류를 제거한다

테스트는 문제를 빠르게 발견하기 위해 필요하다

프로그램을 작성했을 때, 그 프로그램이 올바르게 실행되는지 확인하는 작업은 필수입니다. 올바른 데이터를 정상적으로 처리할 수 있어야 하는 것은 물론이고, 잘못된 데이터가 주어지더라도 비정상으로 종료하지 않고 적절하게 처리해야 합니다.

테스트 시행 결과, 예상과 다른 결과가 나왔을 때는 그 원인을 조사하고 프로그램을 수정할 필요가 있습니다. 빠른 단계에서 문제를 찾아내기 위해, 다양한 단계에서 테스트를 실시합니다(그림 5-6).

작은 단위로 테스트하다

프로그램 전체가 아닌 함수나 프로시저, 메소드 등의 단위로 테스트하는 방법으로 **단위 테스트**(유닛 테스트)가 있습니다. 이름 그대로 작은 단위로 테스트하는 방법으로, **프로그램 각각의 부분이 문제없이 구현되어 있는지 확인하기 위해서** 사용됩니다.

단위 테스트에서는 JUnit이나 PHPUnit 등과 같은 자동화 도구를 사용하는 것이 일반적이며, 프로그래밍 언어별로 도구가 마련되어 있습니다. 흔히 xUnit이라고 부르며, 실행한 테스트 결과를 "Red(실패)"와 "Green(성공)"이라는 두 가지 색으로 표현하여 상황을 쉽게 파악할 수 있습니다.

여러 프로그램을 연결하여 테스트하다

어느 정도 규모가 되면 소프트웨어는 여러 프로그램으로 구성됩니다. 그래서, 복수의 프로그램을 결합해서 실시하는 방법을 **결합 테스트**(인티그레이션 테스트)라고 합니다. 단위 테스트를 마친 프로그램 간에 인터페이스가 일치하는지 등을 확인하기 위해서 실시합니다. 이 때문에 인터페이스 테스트라고도 불립니다.

단위 테스트와 결합 테스트의 관계를 나타내면 그림 5-7과 같습니다.

그림 5-6 V자 모델과 테스트의 대응

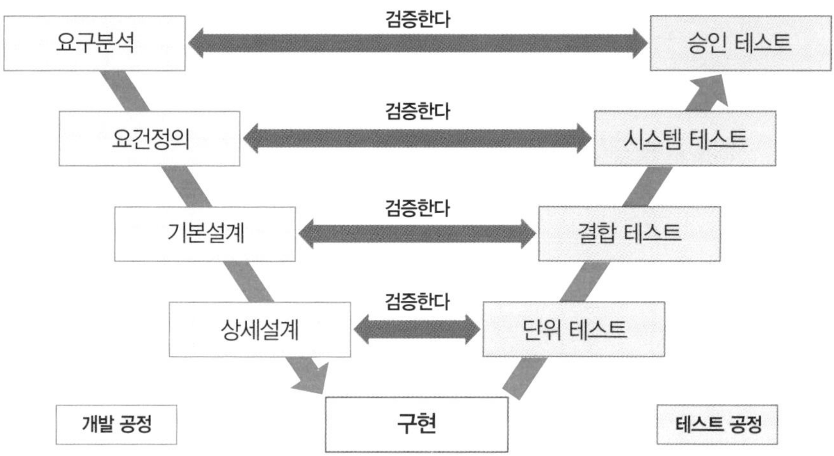

그림 5-7 단위 테스트와 결합 테스트

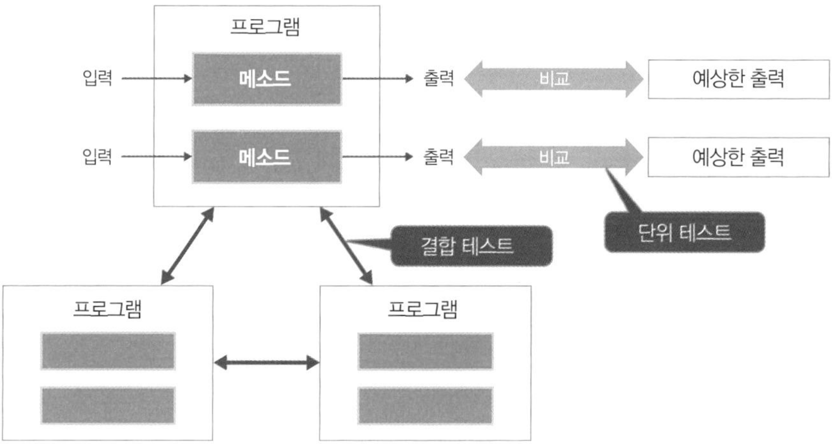

Point

- ✔ 함수나 프로시저, 메소드 등의 단위로 실시하는 테스트를 단위 테스트라고 하며 상세설계에 대응한다.
- ✔ 여러 프로그램을 결합하여 실시하는 테스트를 결합 테스트라고 하며 기본설계에 대응한다.

≫ 요구한 조건을 만족하는지 확인한다

시스템 전체로서의 동작을 확인한다 //

단위 테스트나 결합 테스트가 끝나면 최종적으로 완성된 소프트웨어뿐만 아니라 실제로 사용하는 하드웨어로 시스템 전체를 테스트합니다. 이를 **시스템 테스트(종합 테스트)**라고 하며 '기본설계 단계에서 예상한 기능이 올바르게 처리될 수 있는가?' 예상한 시간 내에 처리할 수 있는가?' '시스템 부하는 문제가 없는가?' '보안상의 모자란 점이 없는가?' 등을 확인하기 위해 수행됩니다(그림 5-8).

시스템 테스트는 개발자 측의 최종 테스트로, 여기서 문제가 없으면 발주자(이용자)에게 인도됩니다. 즉, 발주자가 요구한 기능이나 성능을 만족하는지 검증하기 위해서 실시됩니다.

앞 페이지의 그림 5-6처럼 요건정의서에 쓰여 있는 것을 확인하는 테스트지만, 실제로는 발주한 기능이 구현되었는지 판단하는 기능적인 요건뿐 아니라 '요구되는 성능을 충족하고 있는가?', '보안상의 문제가 없는가?'와 같은 비기능적 요건까지 포함해확인합니다.

발주자 측에서 테스트한다 //

단위 테스트나 결합 테스트, 시스템 테스트가 개발자 측에서 실시되는 테스트인데 반해, 발주자(이용자) 측에서 실시하는 테스트를 **사용자 승인 테스트**라고 합니다. 요건정의 단계에서 설정한 요건을 충족하는지 확인하고 문제가 없으면 검수됩니다.

단, '발주자 측에 전문 지식이 없어 테스트를 할 수 없다' '필요한 인원이나 비용을 확보할 수 없다' 등의 이유로 인해 개발자와는 다른 사업자에게 승인 테스트의 일부나 전부를 위탁하는 경우도 있습니다.

시스템의 내용에 따라서는 실제 환경에서 가동한 후에도 한동안 확인을 위한 기간(승인 테스트 기간)을 두기도 하며 실제로 운용하기 때문에 운용 테스트라고 불리기도 합니다. 일부 이용자가 시험 삼아 도입해보고 문제가 없으면 이용자 수를 늘려가는 방법도 있습니다(그림 5-9).

그림 5-8 시스템 테스트

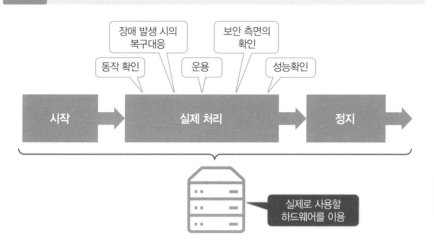

실제로 사용할
하드웨어를 이용

그림 5-9 사용자 승인 테스트

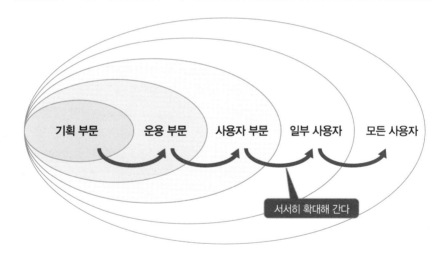

서서히 확대해 간다

Point

✔ 개발이 전부 끝난 단계에서 개발자가 시행하는 시스템 전체 테스트를 시스템 테스트라고 한다.

✔ 요건을 충족하고 있는지 발주한 쪽에서 확인하는 테스트를 사용자 승인 테스트라고 한다.

≫ 테스트 방법을 이해한다

프로그램의 입출력에만 주목해서 테스트한다

생각나는 대로 테스트하는 것은 비효율적이므로, 체크할 항목을 명확히 하고 테스트해야 합니다. 이때, 소스 코드를 보지 않고 프로그램의 입출력에만 주목해, 프로그램이 사양대로 동작하는지 판정하는 방법을 **블랙박스 테스트**라고 합니다(그림 5-10).

'어떤 데이터를 프로그램에 넣었을 때, 그 프로그램에서 출력된 값이 예상 결과와 일치하는가?' '어떤 조작을 했을 때 요구한 동작을 하는가?' 등을 검사합니다. 소프트웨어 개발 시 사양이 정해져 있으므로, 정해진 사양에 따라 테스트 케이스를 설정하고 각각 올바른 결과를 얻을 수 있는지 검증합니다.

구현된 소스 코드를 볼 필요가 없기 때문에, 단위 테스트나 결합 테스트, 시스템 테스트나 수입 테스트 등 폭넓은 테스트에 이용할 수 있습니다.

소스 코드의 내용을 보고 테스트한다

블랙박스 테스트와는 달리 소스 코드의 내용을 살펴보고 각 처리에 사용되는 명령이나 분기, 조건 등을 망라하는지 확인하는 방법으로 **화이트박스 테스트**가 있습니다.

화이트박스 테스트 체크 지표로 **망라율**(커버리지)이 있고, 그림 5-11의 명령 망라나 분기 망라, 조건 망라 등이 사용됩니다. 소스 코드 내의 모든 명령, 분기, 조건에 대해 처리가 실행되고, 그 결과가 예상과 같으면 테스트를 완료할 수 있습니다(그림 5-12).

단, 화이트박스 테스트에서는 어디까지나 통과하는 경로를 조사할 뿐이라서 조건 기술의 실수 등은 찾아낼 수 없습니다. 소스 코드 리뷰 등에서 발견되는 경우도 있지만 이러한 버그를 발견하려면 블랙박스 테스트가 필요합니다. 이 때문에 기본적으로는 블랙박스 테스트를 하고 화이트박스 테스트로 보완하는 방식이 일반적입니다.

그림 5-10 블랙박스 테스트

그림 5-11 커버리지 측정 조건

커버리지	내용	상세
C0	명령 망라	모든 명령을 실행했는가?
C1	분기 망라	모든 분기를 실행했는가?
C2	조건 망라	모든 조합을 적어도 한 번 실행했는가?

그림 5-12 분기 망라와 조건 망라의 차이

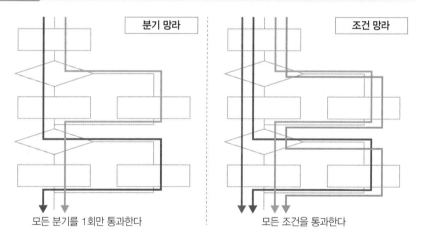

분기 망라

조건 망라

모든 분기를 1회만 통과한다

모든 조건을 통과한다

Point

✔ 프로그램의 입출력에만 주목하는 테스트 방법을 블랙박스 테스트라고 하며, 정해진 테스트 케이스에 대해 올바른 결과를 얻을 수 있는지 확인한다.

✔ 소스 코드의 내용을 보고, 명령이나 분기, 조건 등을 망라하는지 확인하는 테스트 방법으로 화이트박스 테스트가 있다.

» 블랙박스 테스트 기법을 학습한다

대표적인 값으로 테스트한다

블랙박스 테스트에서는 프로그램의 입출력에만 주목하지만, 모든 데이터나 조작을 조사하기는 힘들기 때문에 잘 생각해서 테스트해야 합니다. 바로 떠오르는 것은 대표적인 값만 테스트하는 방법입니다.

입력이나 출력을 동일하게 취급할 수 있는 그룹으로 값을 나누고 각각의 대표적인 값을 사용해 테스트하는 방법을 **동치 분할**이라고 합니다. 각 그룹에서 적당히 선택한 1개만 시험하는 것으로 효율적으로 테스트할 수 있습니다.

예를 들면, 주어진 최고 기온에서 '폭서', '한여름', '여름', '한겨울', '그 외'로 나누는 프로그램의 경우, 각각으로 분류되는 최고 기온을 '37℃, 32℃, 28℃, 15℃, −5℃'처럼 하나씩 선택하여, 바르게 분류되면 문제없다고 판단할 수 있습니다(그림 5-13).

경계의 전후값으로 테스트한다

판정 조건을 구현할 때 발생하기 쉬운 오류로서 조건의 경계 오류가 있습니다. 예를 들어, 어떤 값으로 판정을 할 때 '이하'와 '미만'을 잘못 읽으면 결과가 달라집니다.

그래서 입력과 출력을 동일하게 다룰 수 있는 그룹으로 값을 나누고, 그 경계가 되는 값을 이용해 테스트하는 방법을 **경곗값 분석**(한곗값 분석)이라고 합니다. 경계가 되는 값을 사용함으로써, 프로그램에서 분기 조건이 올바르게 구현되었지 판단할 수 있습니다.

주어진 최고 기온으로 '폭서' '한여름' '여름' '한겨울' '그 외'로 나누는 프로그램을 예로 들면, 그 조건은 그림 5-14와 같이 설정되어 있습니다.

이를 제대로 판정하기 위해 36℃, 35℃, 34℃, 31℃, 30℃, 29℃, 26℃, 25℃, 1℃, 0℃, −1℃라는 데이터를 사용합니다.

일반적으로는 동치분할과 경곗값 분석을 조합해서 테스트합니다.

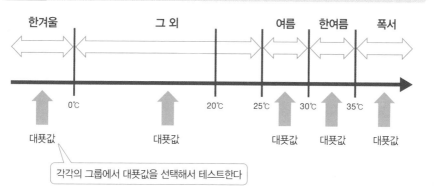

그림 5-13 동치분할

한겨울　　그 외　　여름　한여름　폭서

0℃　　　20℃　25℃　30℃　35℃

대푯값　　대푯값　　대푯값　대푯값　대푯값

각각의 그룹에서 대푯값을 선택해서 테스트한다

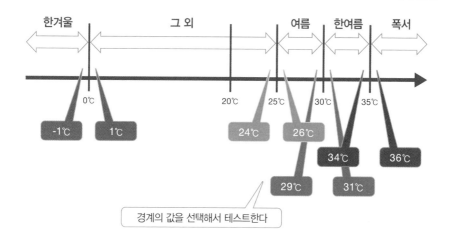

그림 5-14 경곗값 분석

한겨울　　그 외　　여름　한여름　폭서

0℃　　　20℃　25℃　30℃　35℃

-1℃　1℃　　24℃　26℃

34℃　　36℃

29℃　　31℃

경계의 값을 선택해서 테스트한다

Point

✔ 그룹으로 분류한 중에서 대표적인 값을 선택하여 효율적으로 테스트하는 방법을 동치 분할이라고 한다.

✔ 경계가 되는 값을 이용해 조건이 올바르게 구현되었는지 체크하는 방법을 경곗값 분석이라고 한다.

≫ 버그를 발견하고 관리한다

프로그램의 문제점을 찾아낸다

프로그램이 예상한 대로 움직이지 않는 것을 **버그**(결함)라고 합니다. 소스 코드를 기술할 때 만들어지는 '구현 시의 버그' 뿐만 아니라, 설계 단계에서 잘못된 '설계 시의 버그' 등도 있습니다.

또한, 버그를 제거하고 바르게 움직이도록 수정하는 것을 **디버그**라고 합니다(그림 5-15). 실제로는 버그를 발견하는 작업을 포함해 디버그라고 하는 경우도 있습니다. 법적인 문서에서는 버그를 '하자'라고 하기도 합니다.

디버깅에 도움이 되는 도구

프로그램의 버그를 찾아내는 작업을 지원하는 소프트웨어를 **디버거**라고 합니다. 프로그램을 한 번에 실행하지 않고, 지정된 장소에서 처리를 일시적으로 정지하거나 한 줄씩 실행하면서 변수에 들어 있는 값을 표시하는 등의 기능을 가지고 있습니다.

디버거를 사용하면, 잘못된 계산이 이루어지고 있거나 예상치 못한 값이 들어 있지 않은지 확인하면서 처리를 진행하므로, 버그가 있는 장소를 조사하는 데 도움이 됩니다.

단, 버그가 있는 장소를 자동으로 찾아주는 것은 아니며, 어디까지나 **프로그래머가 버그를 찾는 작업을 도와줄 뿐**이라는 점에 주의해야 합니다.

버그를 발견하면 수정해야 하는데, 관리자로서는 버그 발생 건수나 대응의 우선순위 등을 고려해야 합니다. 이때 이용되는 것이 **BTS**(버그 트래킹 시스템)입니다(그림 5-16).

BTS로 관리하면 '누가 언제 발견했는가?', '어떻게 하면 발생하는가?', '누가 어떻게 수정하는가?', '얼마나 중요한 기능인가?' 등을 관리할 수 있습니다. 또한 수정 상황을 관리함으로써, 향후 소프트웨어 개발에 활용할 수도 있습니다.

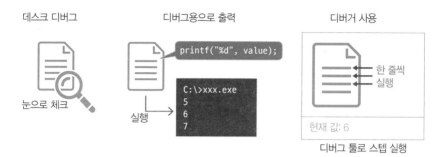

그림 5-15 디버그 기법

데스크 디버그

눈으로 체크

디버그용으로 출력

```
printf("%d", value);
```

```
C:\>xxx.exe
5
6
7
```

실행

디버거 사용

한 줄씩 실행

현재 값: 6

디버그 툴로 스텝 실행

Chapter 5

그림 5-16 BTS를 사용한 버그 관리 흐름

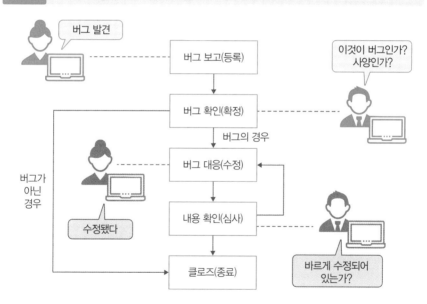

버그 발견

버그 보고(등록)

이것이 버그인가?
사양인가?

버그 확인(확정)

버그의 경우

버그 대응(수정)

수정됐다

내용 확인(심사)

바르게 수정되어
있는가?

버그가
아닌
경우

클로즈(종료)

Point

✔ 프로그램이 예상대로 동작하지 않는 것을 버그라고 한다.

✔ 버그를 제거하거나 발견하는 작업을 디버그라고 하며, 디버그를 지원하는 소프트웨어를 디버거라고 한다.

✔ 버그를 관리하는 소프트웨어로 BTS가 있다.

5-8

인스펙션, 정적 해석, 소프트웨어 매트릭스

≫ 소프트웨어를 실행하지 않고 검증한다

문제점의 유무를 눈으로 체크한다

화이트박스 테스트나 블랙박스 테스트는 코딩 후 테스트 공정에서 하는 것이 일반적입니다. 즉, 코딩이 어느 정도 끝나야 테스트할 수 있습니다.

그러나 테스트에서 오류가 발견되면, 필요한 단계까지 되돌아가서 수정(재작업)해야 합니다. 설계 단계에서 실수가 있었을 경우에는 설계서를 수정해야 합니다. 그러므로 실수를 조기에 발견하면 재작업을 방지하고 영향을 최소화할 수 있습니다.

그래서, 테스트보다 전 단계에서 체크하는 것을 생각할 수 있습니다. 제삼자가 문서나 소스 코드를 눈으로 체크하는 것을 **인스펙션**이라고 합니다. 문서의 경우는 리뷰, 소스 코드의 경우는 코드 인스펙션이나 코드 리뷰라고 부르기도 합니다(그림 5-17).

소스 코드를 툴로 진단하다

인스펙션은 사람이 하는 작업이지만, 컴퓨터로 소스 코드를 진단하는 방법도 있습니다. 이 방법을 **정적 해석**(정적 코드 해석, 정적 프로그램 해석)이라고 하며, 이때 사용하는 툴을 정적 해석 툴이라고 합니다.

소스 코드를 전혀 실행하지 않고 소스 코드에 포함된 여러 가지 문제를 발견하는 방법이며, 자동으로 실행되므로 사람이 체크하는 것보다 훨씬 빠릅니다. 단, 툴이 지원하는 항목이나 설정해 둔 항목 이외에는 체크할 수 없습니다.

정적 해석에 사용되는 지표로는 소스 코드의 규모나 복잡도, 보수성 등을 정량적으로 나타내는 **소프트웨어 매트릭스**가 있고, 이 지표를 이용하면 보수하기 어려운 코드의 조기 발견이나 보수의 부담 경감, 리뷰 품질 향상 등을 기대할 수 있습니다(그림 5-18).

소프트웨어를 작동시킬 필요가 없기 때문에, 개발 프로세스 초기에 실시하면 재작업을 방지할 수 있습니다.

그림 5-17 인스펙션과 리뷰

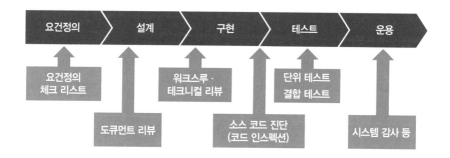

그림 5-18 소프트웨어 매트릭스의 예

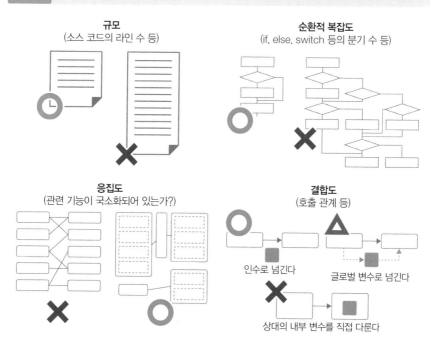

Chapter
5

Point

✔ 문서나 소스 코드를 눈으로 체크하는 것을 인스펙션이라고 하며, 문제의 조기 발견에 도움이 된다.

✔ 정적 해석 툴을 사용함으로써 보수하기 어려운 코드를 방지한다.

≫ 소프트웨어의 기획부터 이용 종료까지 생각한다

업무를 모델화하여 시스템화 계획을 입안한다

제1장에서도 설명한 바와 같이 개발 작업은 크게 요건정의에서부터 설계, 구현, 테스트, 릴리스 순으로 나뉩니다. 이처럼 **소프트웨어 기획**에서 **이용 종료**까지의 전체 흐름을 **소프트웨어 라이프 사이클**이라고 합니다(그림 5-19). 구체적으로는 기획, 요건정의, 개발, 도입, 운용, 보수라는 사이클을 밟는다고 되어 있습니다.

즉, 소프트웨어 개발의 전 단계로서 기획이 있고, 릴리스한 후에도 운용이나 유지 보수와 같은 공정이 필요합니다. 소프트웨어는 개발하고 끝나는 게 아니라 릴리스한 후에도 요청이나 오류로 인한 수정 작업이 발생하며 그에 대한 대응이 요구됩니다.

실제로 보수 후 폐기까지 라이프 사이클에 포함하는 경우도 있습니다. 기존 업무가 없어지거나 새로운 시스템으로 교체하는 등의 이유로 소프트웨어를 사용하지 않게 되는 경우도 있어, 소프트웨어 라이프 사이클에서는 이들 전체를 고려하여 업무를 모델화할 필요가 있습니다.

개발과 운용의 협력체제

소프트웨어 라이프 사이클에서 모든 공정을 같은 사람이 담당하진 않습니다. 대부분 회사에서는 주로 개발을 담당하는 부문과 운용과 보수를 담당하는 부문이 나뉘어 있습니다.

오늘날에는 운용의 신뢰성을 높일 뿐만 아니라 개발에서 보수까지 일관되게 대응함으로써 생산성 향상으로 연결하려는 경향이 있어 **DevOps**라고 불립니다(그림 5-20). Development(개발)와 Operations(운용)의 앞부분에서 따온 말로, 이들이 긴밀하게 연계되어 있기에 엔지니어도 폭넓은 스킬을 연마할 수 있을 뿐 아니라, 고객의 요구에도 부응할 수 있으므로 눈길을 사로잡고 있습니다.

그림 5-19 소프트웨어 라이프 사이클

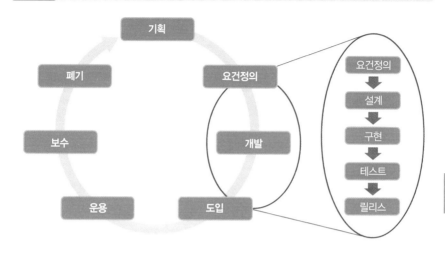

그림 5-20 DevOps

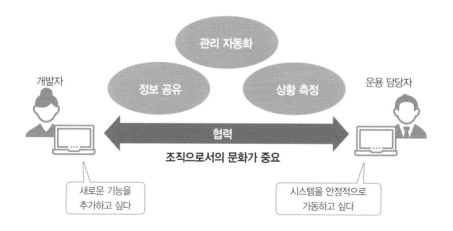

Point

✔ 소프트웨어는 도입만 하면 끝이 아니라, 폐기까지 고려해서 업무를 모델화하고 시스템화 계획을 세울 필요가 있다.

✔ 소프트웨어를 개발할 때는 개발과 운용을 따로 생각하는 게 아니라 협력 체제가 중요하다.

≫ 소프트웨어 개발 프로세스를 자동화한다

자동으로 빌드하고 테스트한다

소프트웨어 개발에서 문제가 발생하기 쉬운 시기는 여러 개발자가 개발한 결과물을 통합할 때입니다. 개개의 프로그램은 각각 면밀하게 테스트해 문제없이 동작하더라도, 그것들을 하나의 시스템으로서 움직이려고 하면 잘 동작하지 않는 경우가 있습니다.

조기에 인식의 불일치 등을 깨달으면 그 영향은 줄어들지만, 각자 많은 시간을 들여 개발을 진행하고 있으므로, 후반부에 문제가 생기면 영향이 커집니다.

그래서, 가능한 한 세밀하게 소스 코드를 커밋하고 커밋한 단계에서 자동으로 빌드나 테스트를 실행해, 실패할 경우 즉시 피드백되는 구조가 고안되었습니다.

이러한 방법을 CI(Continuous Integration: 지속적 통합)라고 합니다(그림 5-21). CI를 실행함으로써 문제가 발견될 때까지의 시간을 단축할 수 있어, 원인을 조사하기 쉬워집니다. 또, 문제가 발견되었을 때 재작업이 줄어들기 때문에, 팀 생산성 향상에도 공헌합니다.

언제든지 릴리스할 수 있는 상태를 유지한다

CI와 동시에 자주 언급되는 것이 CD(Continuous Delivery: 지속적 전달)입니다 (그림 5-22). 이것은 소프트웨어를 언제든지 출시할 수 있는 상태로 해 두는 것입니다.

CD에 의해 관리자나 경영자가 릴리스하고 싶은 타이밍에, 그 시점에서 최신 내용으로 릴리스할 수 있습니다. 또, 릴리스 속도를 올림으로써, 시장으로부터의 피드백을 신속하게 소프트웨어에 반영할 수 있습니다.

CI에서 빌드나 테스트를 실행해 문제가 발견되지 않으면 자동으로 실제 환경에 출시하는 것까지를 CD로 부르는 경우가 있으며, 이 경우는 지속적 배포(Continuous Deployment)로 부릅니다.

그림 5-21 CI의 흐름

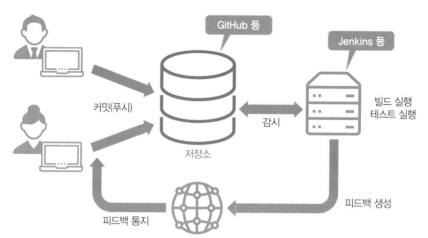

그림 5-22 CD

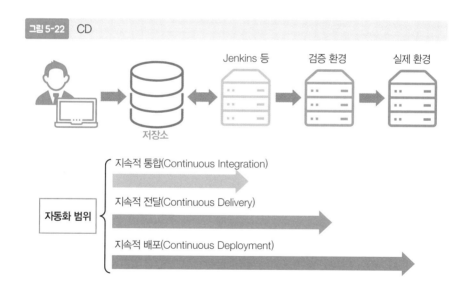

≫ 동작을 바꾸지 않고 소스 코드를 정리한다

읽기 힘든 소스 코드가 만들어지는 이유 //

한 번만 사용하는 스크립트 같은 간이 프로그램이라면 '일단 동작하는' 소스 코드로도 문제없지만, 몇 년이고 사용하는 기간 시스템이나 여러 명이 개발에 관련된 대규모 소프트웨어에서는 기능 추가나 사양 변경이 종종 일어납니다.

처음에는 신중하게 설계했더라도 갑작스러운 사양 변경이 생기면, 임기응변으로 대처하게 되어 확장성 등을 의식하지 않은 소스 코드가 만들어집니다(그림 5-23). 그대로 개발을 진행하면, 처리 내용을 이해하기도 어렵고 원활한 수정이나 유지 보수를 할 수 없습니다.

내용은 바꾸지 않고 정리하는 리팩토링 //

문장을 다듬는 것을 교정이라고 하는데, 소스 코드도 읽기 쉽게 수정할 필요가 있습니다. 하지만 소프트웨어를 개발하다 보면, 문제없이 동작하는 소스 코드는 사실 변경하고 싶지 않습니다. 수정하다가 새로운 결함이 포함될 가능성이 있기 때문입니다.

이미 존재하는 프로그램의 동작을 바꾸지 않고 소스 코드를 더 나은 형태로 수정하는 것을 **리팩토링**이라고 합니다. '동작을 바꾸지 않고'라는 부분이 핵심으로, 신중하게 작업을 진행할 필요가 있습니다(그림 5-24). 이것을 실현하기 위해 다양한 노력이 이루어지고 있습니다.

예를 들어, 현재 프로그램 사양에 맞는 테스트 코드를 사전에 작성해 둡니다. 리팩토링으로 소스 코드를 수정하고, 테스트 코드를 실행한 결과가 다르다면 수정을 잘못한 것입니다. 이처럼 테스트 코드로 오류가 발생하는지 확인하면서 진행하므로 안심하고 리팩토링할 수 있습니다.

또, 어느 정도 수정해야 보수가 쉬워지는지 판단하기 위해, 정적 해석에 소프트웨어 매트릭스 지표 등을 사용합니다.

그림 5-23 문제가 있는 소스 코드가 만들어지는 이유

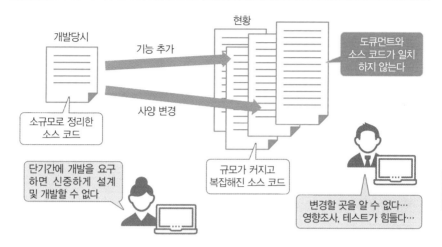

그림 5-24 리팩토링

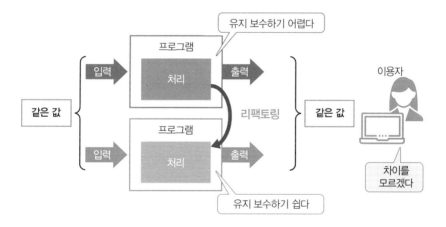

Point

✔ 리팩토링해도 동작은 변하지 않으므로, 같은 입력에 대해서는 동일한 출력을 얻을
  수 있다.

✔ 리팩토링의 지표로 소프트웨어 매트릭스를 사용할 수 있다.

≫ 자동 테스트를 전제로 개발을 진행한다

체크할 코드를 사전에 작성 //

소프트웨어 개발에서 테스트 과정을 후반부라고 생각하는 사람이 적지 않습니다. '설계 단계에서 작성된 사양대로 구현되었음을 확인한다'는 의미에서는 테스트 공정이 후반부에 해당하지만 최근에는 그 인식이 조금 달라지고 있습니다.

테스트 주도 개발에서는 말 그대로 테스트를 전제로 개발을 추진합니다. 개발 전 단계에서 실현하고 싶은 사양을 테스트 코드로 기술함으로써, **구현할 코드가 테스트를 통과하는지** 확인하면서 작업을 진행할 수 있는 것입니다(그림 5-25). 이렇게 해서 오류가 끼어드는 것을 방지합니다.

이처럼 테스트 코드부터 작성하기 시작하는 방법을 **테스트 퍼스트**라고 부릅니다. 테스트 코드를 동작시키기 위해 필요한 최소한의 코드를 구현하고, **테스트 코드가 실패하지 않도록** 코드를 수정해 나가는 것입니다.

테스트 코드의 성공 여부를 판단하는 작업을 자동화할 수 있으면 효율적이므로, 테스트 주도 개발에서는 단위 테스트 툴이 많이 사용됩니다.

변경을 받아들여 유연하게 대응하다 ////////////////////////////////////

워터폴 등의 개발 기법에서는 문서를 중요시하고 개발 전에 사양을 정의하도록 요구받지만, **변경이 발생하는 것을 당연하게 여기고 적극적으로 대응하는** 개발 기법으로서 **XP**(익스트림 프로그래밍)가 있습니다.

XP는 애자일 S/W 개발의 대표적인 방법으로 알려졌으며, 자동 테스트 도입 등에 의해 변경에 유연하게 대응할 수 있도록 고안되어 있습니다. 문서보다 소스 코드를 중요시하는 사고방식은 테스트 주도 개발과 더불어 많은 프로그래머에게 받아들여지고 있습니다.

그림 5-26과 같은 5가지 가치와 19가지 구체적인 프랙티스(실천)가 정의되어 있어, 지금까지의 방식과 달리 개발자의 의식을 바꿀 필요가 있습니다.

그림 5-25　테스트 주도 개발의 흐름

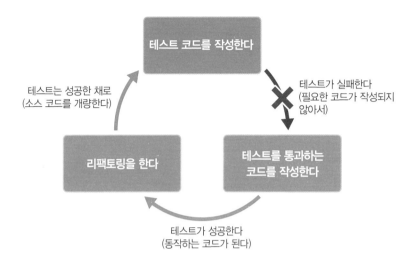

그림 5-26　XP에서의 5가지 가치와 19개의 프랙티스

공동의 프랙티스	개발의 프랙티스	관리자의 프랙티스	고객의 프랙티스
• 반복	• 테스트 주도 개발	• 책임의 확인	• 스토리 작성
• 공통 용어	• 페어 프로그래밍	• 지원	• 릴리스 계획
• 열린 작업 공간	• 리팩토링	• 분기별 재검토	• 사용자 승인 테스트
• 회고	• 소스 코드 공동 소유	• 미러	• 단기 릴리스
	• 지속적 통합	• 적절한 속도의 작업	
	• YAGNI		

5가지 가치

의사소통, 단순성, 피드백, 용기, 존중

Point

✔ 테스트 주도 개발에서는 테스트의 성공으로 재작업이 일어나지 않음을 확인하면서 작업이 진행되므로 버그가 적을 것으로 기대할 수 있다.

✔ XP는 비즈니스상의 요구가 변화해도 대처하기 쉬운 개발 기법이라고 할 수 있다.

Chapter
5

≫ 데이터의 구조와 흐름을 자동화한다

데이터베이스 설계에 그림을 사용한다

프로그램에서 데이터를 저장할 때, 파일뿐만 아니라 데이터베이스에 저장하는 경우도 있습니다. 데이터베이스에서는 표 형식으로 데이터를 저장하는데, 하나의 테이블(표)이 아니라 그림 5-27처럼 여러 개의 테이블로 분할해서 저장합니다. 이로써 데이터 관리가 쉬워지고 데이터를 변경해도 최소의 수정으로 끝나게 됩니다.

데이터베이스를 설계할 때는 '각각의 테이블을 어떤 구성으로 저장할 것인가', '다른 테이블의 어떤 항목과 연결할 것인가'를 생각합니다. 이를 그림으로 표현하면, 머릿속을 정리할 수 있을 뿐만 아니라 다른 사람에게 설명하기도 쉬워집니다.

이때 사용되는 것이 **ER 다이어그램**입니다. ER 다이어그램은 이름 그대로 엔티티(Entity, 실체)와 관계(Relationship)를 모델화해서 표현한 것으로 다양한 표기법이 있습니다. 최근에는 그림 5-28과 같이 IE 표기법이 많이 사용됩니다.

IE 표기법은 엔티티를 몇 개 유지하느냐(다중도)를 그림과 같이 동그라미와 선으로 표현합니다. 그 모양이 새의 발과 비슷하다고 해서 '새발 표기법'이라고도 불립니다.

데이터의 흐름을 시각화하다

데이터베이스뿐만 아니라 '정보시스템 전체에서 데이터가 어떻게 흘러가는지', '데이터가 어디에서 오며 어디에 저장되는지'를 나타내는 그림으로 DFD가 있습니다.

DFD에서는 데이터의 흐름과 처리를 외부 엔티티(인간이나 외부 시스템 등), 데이터 저장(데이터 보관 장소), 프로세스(처리), 데이터 흐름(데이터 플로)의 네 가지로 표현합니다.

DFD에도 다양한 표기법이 있는데, 그림 5-29와 같은 'Yourdon & DeMarco 표기법'이 자주 사용됩니다. 외부 엔티티를 사각형으로, 데이터 스토어를 2줄의 선, 프로세스를 동그라미, 데이터 흐름을 화살표로 표현합니다.

그림 5-27 여러 테이블의 예

고객

고객ID	고객명	우편번호	주소	전화번호
K00001	진달래	06288	서울시강남구	02-5362-3800
K00002	한송이	01359	서울시도봉구	02-1111-2222
K00003	민들레	05397	서울시강동구	02-9999-9999

상품

상품ID	상품명	카테고리ID	매입처
A0001	고급펜	C001	AB상사
A0002	화장도구상자	C002	CD물류
A0003	만년필	C001	DE사무소

주문

주문ID	고객ID	주문일
T000001	K00001	2020/07/01
T000002	K00001	2020/07/02
T000003	K00002	2020/07/10

주문명세

주문명세ID	주문ID	상품ID	단가	수량	납품일
M0000001	T000001	A0001	₩1,600	10	2020/07/01
M0000002	T000002	A0002	₩2,500	20	2020/07/02
M0000003	T000003	A0003	₩1,980	10	2020/07/10

그림 5-28 ER 다이어그램(IE 표기법)의 예

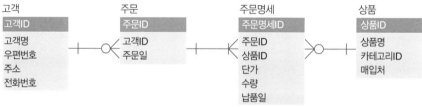

그림 5-29 DFD(Yourdon & DeMarco 표기법)의 예

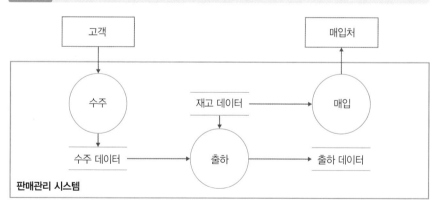

판매관리 시스템

Point

✔ 데이터베이스를 모델화하는 방법으로 주로 ER 다이어그램을 사용한다.

✔ 데이터의 흐름을 표현하기 위해 주로 DFD를 사용한다.

≫ 컴파일을 자동화한다

프로그램을 실행할 수 있게 하는 '빌드 작업'

C언어나 Java와 같은 컴파일러형 언어는 소스 코드를 작성한 다음, 컴파일이나 링크 등의 작업이 필요합니다(그림 5-30). 이 작업을 **빌드**라고 합니다. 소스 코드가 하나뿐인 단순한 프로그램이라면 컴파일만 하면 되지만, 대규모 소프트웨어는 수많은 **소스 코드로 구성된** 경우가 적지 않습니다.

수많은 소스 코드를 일일이 컴파일해야 한다면, 시간도 오래 걸리고 일부는 컴파일을 빼먹을 가능성도 있습니다. 또한 변경되지 않은 소스 코드라도 컴파일 작업이 필요 없는지 확인할 필요가 있습니다.

C언어 등에 많이 쓰이는 빌드 자동화 도구

이 복잡한 작업을 자동화하는 툴로 오랫동안 쓰이고 있는 것이 **make**입니다. 처리 절차를 기술한 Makefile을 작성함으로써, 아무리 복잡한 작업이라도 make 명령만 실행하면 자동으로 처리할 수 있습니다(그림 5-31). **변경되지 않은 파일은 컴파일하지 않으므로,** 컴파일 시간 단축에도 도움이 됩니다.

Linux 환경에서는 소프트웨어를 설치할 때 흔히 make 명령어를 사용하므로, configure → make → make install과 같은 절차에 익숙한 사람도 있을 수 있습니다.

Java 등에서 사용되는 빌드 자동화 도구

make는 역사가 깊은 툴이지만, 자바 환경에서는 **Ant**가 많이 사용됩니다. Java로 만들어져 폭넓은 환경에서 실행할 수 있을 뿐만 아니라, XML 형식으로 설정 파일을 기술하므로 개발자가 내용을 읽고 쓰기 쉬운 것이 특징입니다. 최근에는 Ant를 더욱 개선한 Maven과 Gradle과 같은 편리한 기능을 갖춘 빌드 툴도 등장했습니다.

그림 5-30 빌드

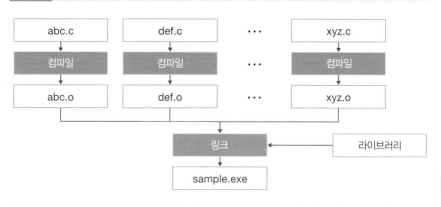

그림 5-31 make를 사용하는 효과

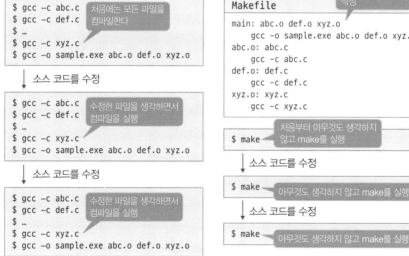

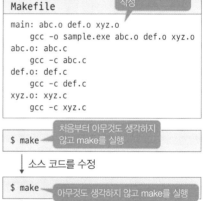

Point

✔ 여러 파일을 컴파일하는 경우, make나 Ant 등의 툴을 사용하면 복잡한 작업을 자동화할 수 있다.

✔ make는 개발자뿐만 아니라, 이용자가 소프트웨어를 설치할 때 사용하기도 한다.

» 객체 지향의 기본 사고방식

객체 지향에서 사용하는 설계도

객체 지향의 사고방식은 추상화라고 자주 표현됩니다. 객체 지향은 개개의 데이터에 존재하는 구체적인 정보를 제거하고, 데이터의 공통점을 뽑아내 프로그램의 설계를 생각하는 것이라고 할 수 있겠지요.

예를 들어, 기업이 취급하는 상품을 분류하면 그림 5-32와 같은 관계를 생각할 수 있습니다. 이처럼 개개의 상품이 갖는 특징에서 공통부분을 뽑아 추상화해 갑니다.

완성된 설계도는 범용적으로 사용할 수 있으며, 이 설계도로 만들어지는 것이 **클래스** 입니다. 2-3절에서 설명한 것처럼 객체 지향에서는 데이터와 조작을 한 덩어리로 생각합니다.

여기서는 '책'이라는 클래스를 생각해 보겠습니다. 책에는 제목이나 저자명, 페이지 수, 가격 등의 데이터가 있습니다. 또, '증쇄한다'라는 조작에 의해 '증쇄(2쇄, 3쇄)' 데이터가 갱신되어 갑니다.

설계도에서 실체를 생성하다

클래스는 어디까지나 설계도이므로 실제 상품을 나타내는 것은 아닙니다. 그래서, 그것을 개개의 상품으로서 다룰 수 있게 실체화(메모리 상에 확보해 개별적으로 다룰 수 있게 하는 것)할 필요가 있습니다. 이 실체화한 것을 **인스턴스**라고 합니다(그림 5-33).

여기서는 책(Book)이라는 클래스를 만들고, 그 클래스에서 '프로그래밍의 구조'와 '보안의 구조'라는 책을 실체화해 보겠습니다. 또, 각각의 증쇄 수를 갱신하는 처리를 구현해 봅시다.

Python에서는 그림 5-34와 같은 소스 코드가 됩니다. 클래스를 정의할 뿐만 아니라 한 클래스에서 여러 인스턴스를 생성하고, 해당 인스턴스에 대해 처리하는 프로그램을 작성합니다.

어떤 클래스에서 실체화한 것을 모아서 **오브젝트**라고 하고, 각각의 고유한 개체를 인스턴스라고 부르기도 합니다.

그림 5-32 추상화의 개념

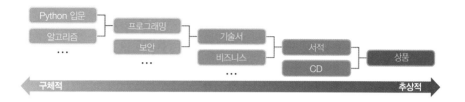

그림 5-33 클래스와 인스턴스

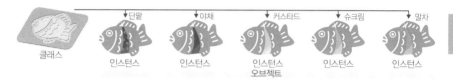

Chapter
5

그림 5-34 하나의 클래스에서 복수의 인스턴스를 생성

```python
class Book:
    def __init__(self, title, price):
        self.title = title
        self.price = price
        self.print = 1

def reprint(self):
    self.print += 1
    return '%s : %i쇄' % (self.title, self.print)

security = Book('보안의 구조', 1680)
programming = Book('프로그래밍의 구조', 1780)
print(security.reprint())          # '보안의 구조 : 2쇄'라고 출력
print(security.reprint())          # '보안의 구조 : 3쇄'라고 출력
print(programming.reprint())       # '프로그래밍의 구조 : 2쇄'라고 출력
print(security.reprint())          # '보안의 구조 : 4쇄'라고 출력
print(programming.reprint())       # '프로그래밍의 구조 : 3쇄'라고 출력
```

Point

✔ 클래스는 설계도이며, 사용하기 위해서는 인스턴스로서 실체화해야 한다.

✔ 한 클래스에서 여러 개의 인스턴스를 생성하여, 인스턴스 별로 다른 데이터를 처리할 수 있다.

5-16
상속, 서브 클래스, 다중상속

» 클래스의 속성을 물려받는다

기존 클래스를 재사용한다

기존 클래스를 확장해 새로운 클래스를 만들 수도 있는데, 이를 **상속**(inheritance)이라고 합니다. 상속을 사용하면 이미 구현되어 있는 처리를 재사용할 수 있어, 개발 효율이 높아질 것으로 기대할 수 있습니다.

예를 들어, 앞의 예시인 책이든 CD든 상품에는 이름과 가격이 있습니다. 또 소비세를 계산하는 처리는 공통입니다. 제품명과 가격 정보, 소비세 계산 기능이 있는 '상품'이라는 클래스를 준비해 두고, 책이나 CD라는 클래스에서 이 상품 클래스를 상속하면 이 자원들을 그대로 사용할 수 있습니다(그림 5-35).

상속해서 만드는 새로운 클래스

어떤 클래스를 상속해서 만들어진 클래스를 **서브 클래스**나 파생 클래스, 자식 클래스라고 합니다. 반대로, 바탕이 되는 클래스는 슈퍼 클래스나 기저 클래스, 부모 클래스라고 합니다. 그림 5-35의 경우, 상품 클래스가 슈퍼 클래스이고, 책 클래스나 CD 클래스가 서브 클래스입니다.

서브 클래스는 슈퍼 클래스의 특성도 가질 뿐만 아니라, 독자적인 특성을 부여할 수 있습니다. 또, 슈퍼 클래스의 메소드를 덮어쓰기(오버라이드)함으로써 완전히 다른 행동을 구현할 수도 있습니다.

여러 클래스를 상속한다

복수의 슈퍼 클래스로부터 상속하는 것을 **다중 상속**이라고 합니다. 여러 슈퍼 클래스의 특성을 가질 수 있어 편리해 보이지만, 양쪽에 같은 이름의 메소드가 있는 경우 어느 쪽 메소드를 호출하면 되는지 판단할 수 없습니다. 이러한 문제를 마름모꼴 상속 문제(다이아몬드 문제)라고 합니다(그림 5-36).

이 때문에 프로그래밍 언어에 따라서는 다중 상속을 지원하지 않는 언어도 있습니다.

그림 5-35 상속

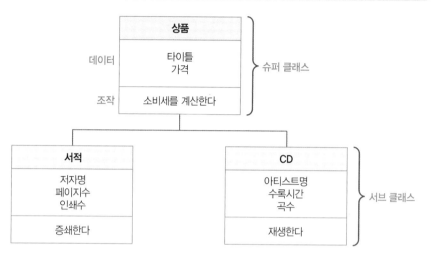

그림 5-36 마름모꼴 상속 문제

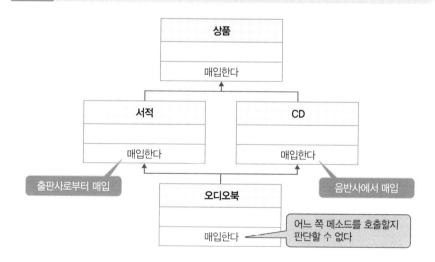

Point
✔ 상속해서 서브 클래스를 만들면 슈퍼 클래스의 특성도 사용할 수 있다.
✔ 마름모꼴 상속 문제로 프로그래밍 언어에 따라서는 다중 상속이 지원되지 않는다.

5-17

필드, 메소드, 프로퍼티

≫ 클래스를 구성하는 데이터와 조작을 다룬다

오브젝트가 가진 데이터와 조작

5-15절에서 설명한 것처럼 클래스는 데이터와 조작으로 구성되어 있습니다. 데이터를 **필드**나 멤버 변수 등으로 부르며, 조작을 **메소드**나 멤버 함수라고 합니다. 프로그래밍 언어에 따라 다르게 부릅니다.

이처럼 절차형 언어의 변수가 필드에, 함수가 메소드에 해당합니다. 절차형 언어에서는 변수에 임의의 값을 저장할 수 있지만, 객체 지향에서는 필드와 메소드를 모아 클래스를 만들고, 필드에 액세스 하려면 메소드를 경유하는 방법을 사용합니다(그림 5-37).

즉, 필드에 값을 저장하고, 저장된 값을 가져오고, 저장된 값을 갱신하는 조작을 할 때 메소드를 이용함으로써 부적절한 값이 필드에 저장되지 않게 할 수 있으며, 저장된 값을 가공해서 출력할 수도 있습니다.

오브젝트의 인스턴스마다 할당되는 데이터를 인스턴스 변수, 같은 클래스의 모든 인스턴스에서 같은 값을 공유하는 데이터를 클래스 변수라고 합니다(그림 5-38).

마찬가지로 오브젝트의 인스턴스에 속하는 메소드를 인스턴스 메소드, 클래스에 속하는 메소드를 클래스 메소드라 부르기도 합니다. 클래스 메소드는 인스턴스를 생성하지 않아도 사용할 수 있으며, 정적 메소드라고 불리기도 합니다.

오브젝트의 속성을 나타내는 말

언어에 따라서는 필드의 값을 가져오거나 설정하기 위한 수단이 준비되어 있고, 이를 **프로퍼티**라고 부릅니다. 필드와 프로퍼티를 구분하지 않고 사용하는 언어도 있습니다.

예를 들어, C#의 프로퍼티는 클래스 외부에서는 필드로 구현된 것처럼 보이지만, 클래스 내부에서는 메소드로 구현됩니다.

그림 5-37 필드와 메소드

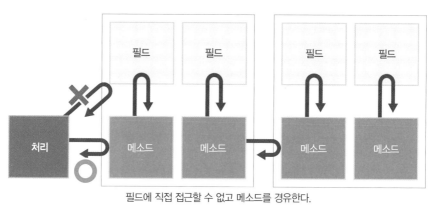

필드에 직접 접근할 수 없고 메소드를 경유한다.

그림 5-38 클래스 변수와 인스턴스 변수

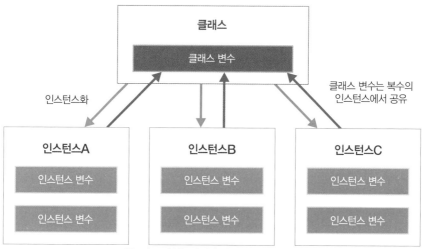

인스턴스 변수는 각각의 인스턴스에 할당된다.

Point

✔ 외부에서 필드에 직접 값을 대입하지 않고, 메소드를 통해 필드에 저장함으로써 부적절한 값이 저장되는 것을 막을 수 있다.

✔ 필드에 저장된 값을 읽어낼 때도 메소드를 사용함으로써 값을 가공해서 출력할 수 있다.

5-18

캡슐화, 접근지정자

≫ 필요한 정보와 메소드만 외부에 공개한다

내부 구조를 은폐한다

오브젝트의 내부 구조가 외부에서 보이지 않도록 하는 것을 **캡슐화**라고 합니다. 메소드 등 필요한 최소한의 인터페이스만 공개하고, 그 인터페이스를 통해 접근하게(준비된 메소드 이외는 내부의 필드로 접근시키지 않음) 함으로써, 클래스를 이용하는 프로그램이 내부 구현에 대해 알 필요가 없게 합니다(그림 5-39).

캡슐화가 오브젝트 내 필드에 대한 부주의한 접근을 방지할 수 있을 뿐만 아니라, 내부의 데이터 구조를 변경해도 호출에는 영향을 주지 않도록 구현할 수 있습니다.

소규모 프로그램에서는 큰 효과를 느끼지 못하지만, 많은 사람이 개발에 참여하는 대규모 프로그램에서는 다른 사람이 만든 클래스가 캡슐화되어 있으므로 안심하고 사용할 수 있습니다.

접근할 수 있는 범위를 지정한다

캡슐화를 실현하기 위해서는 외부에서 접근할 수 있는 것과 내부에서만 접근할 수 있는 것을 명시적으로 지정할 필요가 있습니다. 이때 사용하는 것이 **접근지정자**로, 대부분의 객체 지향 언어에서 제공되고 있습니다. 클래스나 서브 클래스에 접근할 수 있는 **범위를 지정**하기 위해서 사용되며, 많은 언어에서는 다음 3가지가 준비되어 있습니다(그림 5-40).

* private : 현재 클래스 내부에서만 접근 가능
* protected : 클래스 내부나 상속한 서브클래스에서만 접근 가능
* public : 모든 클래스에서 접근 가능

덧붙여, Python이나 JavaScript에서는 이런 접근지정자가 없습니다. Python의 경우는 _(언더바)로 표현합니다. 그림 5-41처럼 앞에 언더바를 2개 붙여놓은 필드나 메소드는 private으로 지정됩니다.

그림 5-39 캡슐화의 이미지

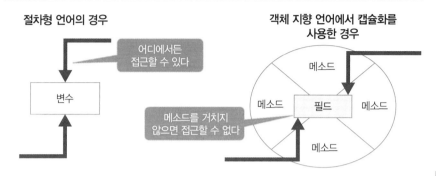

그림 5-40 Java의 접근지정자와 접근 가능여부

접근지정자	자기 클래스	동일 패키지	서브 클래스	다른 패키지
public	가능	가능	가능	가능
protected	가능	가능	가능	불가능
지정하지 않음	가능	가능	불가능	불가능
private	가능	불가능	불가능	불가능

그림 5-41 Python에서의 캡슐화

```
class User:
    def __init__(self, name, password):
        self.name = name
        self.__password = password

u = User('admin', 'password')
print(u.name)           #접근할 수 있다('admin'을 출력)
print(u.__password)     #접근할 수 없다(오류가 생긴다)
```

Point

✔ 캡슐화하면 내부 데이터 구조를 변경해도 호출원을 변경할 필요가 없어진다.
✔ 클래스 내 필드에 직접 접근할 수 없도록 접근할 수 있는 범위를 접근지정자로 지정한다.

≫ 같은 이름의 메소드를 만든다

복수의 클래스에 같은 이름으로 메소드를 정의한다 ////////////////////////////////////

절차형 언어에서는 같은 이름의 메소드를 여러 개 만들어 버리면, 어느 메소드를 호출하는지 알 수 없게 됩니다. 그러나 객체 지향 언어에서는 여러 클래스에 같은 이름으로 함수를 정의할 수 있습니다.

같은 이름의 메소드를 호출해도, 그 오브젝트가 생성된 클래스에 따라 다른 메소드를 실행할 수 있는 것을 **폴리모피즘**이라고 합니다. 우리말로 옮기면 다태성이나 다형성 등으로 번역됩니다.

예를 들면, 상속 관계에 있는 '책'과 'CD' 각각의 클래스에 제품을 소비하는데 필요한 시간을 계산하는 '소요 시간을 계산한다'라는 메소드를 정의해 봅시다. 책의 경우는 한 권을 다 읽는데 걸리는 시간, CD의 경우는 한 장을 재생하는데 걸리는 시간을 구하는 것으로 합니다.

이때, 각 클래스에 같은 이름으로 다른 처리를 하는 메소드를 구현할 수 있습니다. 각 클래스에서 인스턴스를 생성하고, 각 인스턴스에 대해 '소요 시간을 계산한다'라는 메소드를 수행하면 결과가 달라집니다(그림 5-42).

메소드를 정의해 클래스 변경에 대응한다 //

객체 지향에서는 클래스가 반드시 갖추어야 하는 메소드를 **인터페이스**로 지정할 수 있습니다. 인터페이스에서는 클래스가 구현할 메소드를 정의하고, 그 메소드의 구현은 각각의 클래스에 맡깁니다. 즉, 인터페이스는 클래스에 필요한 메소드를 정의만 할 뿐 구체적인 처리는 구현하지 않습니다.

인터페이스를 사용하지 않아도 클래스에서 메소드를 정의할 수 있지만, 복수의 클래스를 사용하는 경우, 각각의 클래스에 어떠한 메소드가 있는지 파악해야 합니다.

같은 인터페이스를 구현한 클래스는 같은 방식으로 다룰 수 있으므로, **클래스를 이용하는 쪽에서는 인터페이스에 대해 처리를 실행합니다**. 이로써 취급하는 클래스에 변경이 생겨도 쉽게 대응할 수 있으며, 변경에 강한 소프트웨어를 개발할 수 있습니다(그림 5-43).

그림 5-42 폴리모피즘

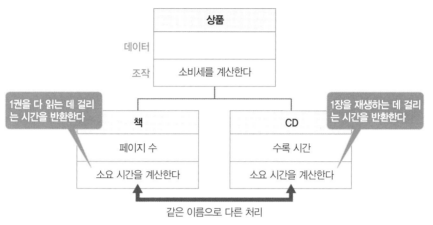

같은 이름으로 다른 처리

그림 5-43 인터페이스의 효과

일반 클래스를 사용할 경우

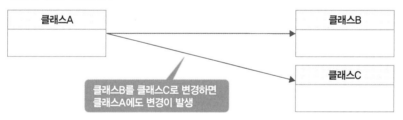

클래스B를 클래스C로 변경하면
클래스A에도 변경이 발생

인터페이스를 사용하는 경우

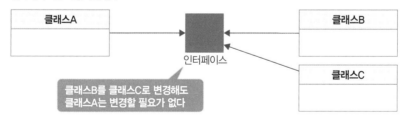

클래스B를 클래스C로 변경해도
클래스A는 변경할 필요가 없다

Point

✔ 폴리모피즘에 의해 다른 클래스에 있는 별개의 메소드를 동일한 이름으로 실행할 수 있다.

✔ 인터페이스를 이용하면 변경에 강한 소프트웨어 개발에 도움이 된다.

≫ 객체 지향 개발에 이용되는 모델링 기법

설계에서의 표현 방식을 통일한다

시스템 개발에서는 분석이나 설계를 하면서 사양서 등의 문서를 많이 작성합니다. 이때 글로만 쓸 수도 있지만 발주자와 개발자 또는 개발자 간에 의사소통을 원활하게 하기 위해서 쉬운 표현이 필요합니다.

이전부터 흐름도나 ER 다이어그램, DFD 등이 있었지만, 객체 지향적 사고방식으로 작성되지 않고 통일된 서식이 아니라는 점에서 객체 지향의 의도를 바르게 전달할 수 없었습니다.

그래서 등장한 것이 통합 모델링 언어로 불리는 **UML**(Unified Modeling Language)입니다(그림 5-44). 이름 그대로 사람이나 언어에 따라 차이가 발생하는 것을 방지하고 표현을 통일하기 위해 사용됩니다. '언어'라는 이름이 붙어 있지만, 대부분 그림을 그리는 것이 전제가 됩니다. 따라서, 그림을 보는 방법만 기억해 두면, 누구나 간단히 시스템 개발에 관한 공통된 인식을 가질 수 있습니다.

설계 노하우를 모은 '디자인 패턴'

객체 지향으로 프로그래밍을 할 때, 미리 준비된 클래스나 라이브러리(6-2절 참조)를 사용하면 효율적으로 개발할 수 있습니다. 하지만, 재이용하기 쉽게 설계되어 있지 않으면 사용하기 불편하고 소스 코드를 이해하는 데도 시간이 소요됩니다.

그래서 개발자들이 자주 부딪히는 문제와 그에 대한 좋은 설계를 정리한 것으로 **디자인 패턴**이 있습니다. 디자인 패턴에는 선배들이 고안한 지혜가 담겨 있기 때문에, 참고하면 재사용하기 쉬운 설계를 효율적으로 실현할 수 있습니다. 'GoF의 디자인 패턴'이 유명합니다(그림 5-45).

디자인 패턴을 아는 개발자들끼리는 패턴명을 알려주기만 하면 그 설계의 개요를 이해할 수 있으므로, 커뮤니케이션 비용도 줄어들고 원활하게 설계와 개발을 진행할 수 있습니다.

그림 5-44 UML의 예

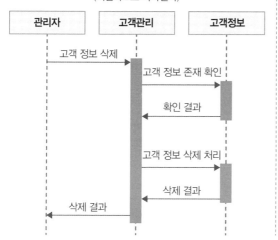

시퀀스 다이어그램
(시간축으로 나타낸다)

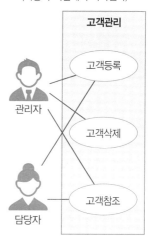

유스케이스 다이어그램
(사용자 시점에서 나타낸다)

그림 5-45 GoF의 디자인 패턴

구조에 관한 것	생성에 관한 것	행동에 관한 것
• Adapter • Bridge • Composite • Decorator • Facade • Flyweight • Proxy	• Abstract Factory • Builder • Factory Method • Prototype • Singleton	• Chain of Responsibility • Command • Interpreter • Iterator • Mediator • Momento • Observer • State • Strategy • Template Method • Visitor

Point

✔ UML을 사용하면 그림으로 나타내 공통의 인식은 가지기 쉽다.
✔ 유명한 디자인 패턴을 알아두면 '좋은 설계'를 실현할 수 있을 뿐만 아니라 의사소통이 원활해진다.

≫ 복수의 오브젝트의 관계성을 생각한다

인스턴스 사이의 관계를 표현한다

여러 클래스 간의 관계를 나타낼 때 그 관계성에 따라 표현이 달라집니다. 클래스로 부터 생성된 인스턴스 사이의 관계를 나타내는 것을 **연관**이라고 합니다. 연관은 클 래스와 클래스 사이에서 양방향으로 참조할 때 사용되며, 클래스 사이를 선으로 연 결하여 표현합니다. 선의 양 끝은 ER 다이어그램처럼 다중도를 나타내고, 하나의 인스턴스에 대해 상대 클래스가 몇 개 연결될 수 있는지를 보여줄 수 있습니다(그림 5-46).

'책은 상품이다'라는 상속 관계

클래스의 상속 개념으로 이해하기 쉬운 것이 **일반화**입니다. 일반화는 여러 클래스나 오브젝트에 공통된 성질을 부모 클래스에 모아서 정의하는 것을 말합니다. 일반화는 흰색 화살표로 표현합니다(그림 5-47).

예를 들어 5-16절 상속의 예에서 든 책과 CD의 경우, 공통된 성질로서 제목과 가격 을 부모 클래스에서 정의했습니다(그림 5-35). 이처럼 상속은 일반화를 실현하는 수 단의 하나라고 할 수 있습니다. 이 관계를 흔히 is-a 관계(A is a B)라고 합니다.

'서점은 책을 가진다'라는 포함 관계

전체와 부분의 관계를 표현하는 방법으로 **집약**이 있습니다. 집약은 has-a 관계(A has a B)라고도 하는데, 예를 들면 '서점이 책을 가지고 있다'와 같은 관계를 나타냅 니다. 이 경우, 부분을 포함하는 것(서점)이 없어져도 포함된 것(책)은 그대로 존재하 며 기능합니다.

집약 중에서도 더욱더 강하게 결합한 경우를 **컴포지션**이라고 합니다. 컴포지션은 어 떤 클래스의 일부인 경우로, 전체가 없어진 경우는 부분도 기능하지 않는 관계에 있 습니다.

집약은 전체에 마름모꼴을 그려서 그 관계를 표현합니다(그림 5-48).

그림 5-46 연관

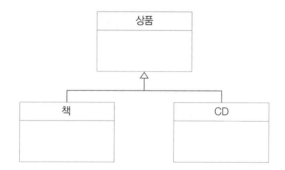

그림 5-47 일반화

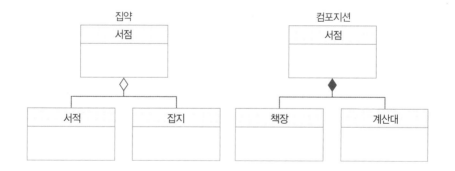

그림 5-48 집약과 컴포지션

Point

✔ 연관을 보여줌으로써 모델화하는 대상이 시각화되고, 다중도에 의해 클래스 간의
제한을 파악할 수 있다.

✔ 일반화는 공통의 성질을 찾아내 클래스를 작성하는 반면, 집약은 전체와 부분의
관계를 찾아내 클래스 간의 관계를 표현한다.

≫ 관련된 클래스를 모은다

이름 충돌을 피한다

문서 파일 등도 취급하는 파일이 많아지면 폴더로 나누어 관리합니다. 마찬가지로 많은 클래스나 소스 코드를 다루다보면, 관련된 것끼리 정리해서 관리하고 싶다는 생각을 하게 됩니다.

소스 코드를 관련된 것으로 분류하는 단위로서 많은 언어에서 준비한 기능으로 **이름 공간**이 있습니다. 이름공간을 사용하면 다른 이름공간에 있는 클래스 이름과 충돌하지 않게 설계할 수 있기 때문에, 장황하게 긴 이름을 붙일 필요가 없어집니다(그림 5-49). 이때 폴더와는 달리 자유로운 구성으로 저장할 수 있습니다.

단독으로 동작시킬 수 있는 프로그램의 단위

이름공간과 비슷한 개념으로 **모듈**이 있습니다. 언어에 따라서는 이름공간이 없고 모듈 기능만 있는 경우도 있습니다. 또 다른 프로그램에서 재사용할 수 있게 만든 것을 모듈이라고 부르기도 합니다. 일반적으로 단독으로라도 움직일 수 있는 것을 모듈이라고 부르지만, 다른 프로그램에서 호출할 수 있도록 모은 것을 가리키기도 하므로 그 현장에서 어떤 의미로 사용되는지 주의를 기울여야 합니다.

편리하게 사용할 수 있도록 정리하여 관리하다

여러 모듈을 한꺼번에 취급할 수 있게 묶은 것을 **패키지**라고 합니다. 패키지를 읽어 들이면 그 패키지에 포함된 모듈을 모두 사용할 수 있게 되는 경우가 많습니다. 다양한 기능을 갖춘 편리한 물건들의 모음이라고 생각하면 될 것입니다(그림 5-50).

또한, 패키지를 묶은 것을 라이브러리라고 부르기도 합니다(6-2절 참조). 예를 들면, Python의 경우 표준 라이브러리와 외부 라이브러리가 있고, 외부 라이브러리를 사용하려면 별도로 설치할 필요가 있습니다.

그림 5-49   이름공간

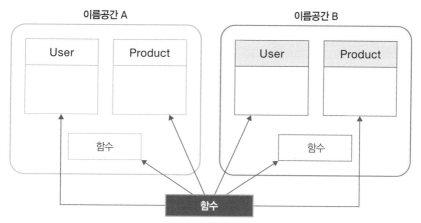

이름공간이 다르면 같은 클래스명, 함수명이라도 사용할 수 있다.

그림 5-50   모듈과 패키지의 관계

Point
✔ 이름공간을 사용함으로써 이름 충돌을 방지할 수 있다.
✔ 모듈이나 패키지로 복수의 소스 코드를 모아서 관리할 수 있다.

≫ 객체 지향으로 다루기 어려운 문제를 해결한다

본래 처리에 집중한다

객체 지향 프로그래밍에서는 기본적으로 데이터와 조작을 일체로 한 오브젝트를 조합하여 구현하지만, 실제로는 단일 오브젝트로 정의하면 오히려 관리하기 번거로운 기능도 있습니다.

흔히 드는 예로 로그 출력이 있습니다. 메소드의 로그를 확인하고 싶은 경우 각 메소드에서 개별적으로 구현해야 하지만, 로그 획득은 원래 메소드에서 실현하고 싶은 처리는 아닙니다. 이렇게 원래 목적에서 벗어난 코드가 늘어나면, 원래 하려던 처리의 소스 코드 가독성이 저하되고 맙니다.

원래 하려는 처리 이외에 공통으로 필요한 것을 횡단적 관심사라고 부르고, 이것을 분리하는 방법을 **AOP**(어스펙트 지향 프로그래밍)라고 합니다. AOP를 사용하면, 소스 코드를 변경하지 않고 실현하고 싶은 처리를 추가할 수 있습니다(그림 5-51).

테스트하기 쉽고 유연하게 대응할 수 있는 설계

한 클래스 내에서 사용하는 변수가 다른 클래스에 의존하고 있으면, 테스트할 때 의존할 클래스를 준비해야 합니다. 또, 사용하는 클래스를 다른 클래스로 변경할 때, 그 클래스와 관련된 클래스도 수정해야만 합니다.

프로그램 실행 시 의존하는 클래스를 외부에서 넘겨주도록 변경하면 클래스 간의 의존관계를 없앨 수 있으며, 더미 클래스 등을 사용해 쉽게 테스트할 수 있습니다. 사용하는 클래스를 변경한 경우에도 다른 클래스를 변경할 필요가 없어 프로그램 수정이 최소한으로 끝납니다.

이처럼 외부로부터 클래스를 넘겨주는 것을 **DI**(Dependency Injection)라고 하며, 의존성 주입이라고 부릅니다(그림 5-52). 주입 시에는 생성자(컨스트럭터)의 인수로서 넘겨주는 방법이나 임의의 메소드 인수로서 넘겨주는 방법 등이 있습니다. 또한 앱에 DI 기능을 제공하는 프레임워크(6-2절 참조)를 DI 컨테이너라고 합니다.

그림 5-51 AOP(어스펙트 지향 프로그래밍)

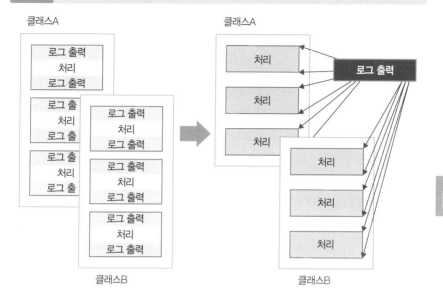

클래스A

클래스A

클래스B

클래스B

Chapter
5

그림 5-52 DI

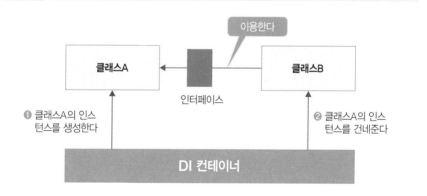

이용한다

클래스A

클래스B

인터페이스

❶ 클래스A의 인스
턴스를 생성한다

❷ 클래스A의 인스
턴스를 건네준다

DI 컨테이너

Point

✔ 어스펙트 지향에 의해 원래 처리 목적과 다른 부분의 소스 코드를 분리함으로써
실현하고자 하는 처리 구현에 집중할 수 있다.

✔ 취급하는 클래스의 인스턴스를 DI의 개념을 이용해 이용자에게 넘겨줌으로써, 사
양 변경 등에서 수정 부담을 줄일 수 있다.

» 고객과 개발자가 공통된 언어를 사용한다

개발과 관련된 모든 사람이 지식을 공유한다 //////////////////////////////////////

소프트웨어 개발의 목적은 어떤 과제를 해결하기 위해서라고 할 수 있습니다. 이때, 소프트웨어로 실현하는 업무의 영역을 도메인이라고 부르고, 도메인을 어떻게 소프트웨어로 구현할지를 설계합니다.

단, 많은 소프트웨어 개발 현장에서는 개발자나 고객 모두 전문 용어를 사용하여 설명하거나 구현하기 쉽도록 일부를 변환하여 진행하는 것이 일반적입니다. 이런 경우 고객이 시스템의 내용을 이해하지 못하고, 개발자도 고객의 업무를 정확하게 파악하지 못하는 상황이 발생합니다.

고객과 개발자가 공통의 언어로 소프트웨어 시스템을 설계할 수 있다면, 서로에 대한 이해가 깊어질 뿐만 아니라 기능 실현이 쉬워지고 개발 속도도 향상될 수 있습니다.

이때 쌍방이 이해할 수 있는 공통 언어로 모델화합니다. 이 모델을 도메인 모델이라고 합니다. 도메인 모델을 그대로 코드로서 구현하는 설계 기법을 DDD(Domain-Driven Design)라고 하며, 도메인 주도 설계라고 부릅니다.

예를 들어, 지금까지는 상품명일 경우 문자열형, 금액일 경우 정수형과 같은 프로그래밍 언어의 표준 자료형을 사용했습니다. 그러나 이래서는 부적절한 값을 저장할 수 있으므로, 상품명 클래스나 금액 클래스처럼 **값 오브젝트**를 만들어 상품명이나 금액을 캡슐화하면 영향을 최소화할 수 있고 말과 코드가 일치합니다(그림 5-53).

개발을 진행할 때 설계자가 시스템 전체를 설계한 후, 작성된 사양서를 바탕으로 업무 지식이 없는 프로그래머가 개발하는 스타일로는 마치 메시지 전달 게임처럼 되어 비즈니스적인 문제를 빠르게 해결할 수 없습니다.

DDD에서는 도메인 모델을 중심으로 하여, **도메인 모델과 코드를 일체화시키면서 반복적으로 진화시켜 나갑니다**(그림 5-54). 이를 실현하기 위해 변화에 대응할 수 있는 체제가 요구되며, 객체 지향 설계와 더불어 애자일 소프트웨어 개발 체제로 진행하는 것이 일반적입니다.

그림 5-53 값 오브젝트로 모델화한다

지금까지의 모델화

Book

상품명: String
금액: int

CD

상품명: String
금액: int

소스 코드

> 상품명과 금액을
> 설정할 값을 각
> 클래스에서 개별적
> 으로 체크

DDD의 모델화

Book

상품명: ProductName
금액: Price

CD

상품명: ProductName
금액: Price

ProductName

Price

소스 코드

> 상품명과 금액을
> 설정할 값을 각
> 오브젝트에서 체크

Chapter
5

그림 5-54 업무 지식 등의 도메인을 추출한다

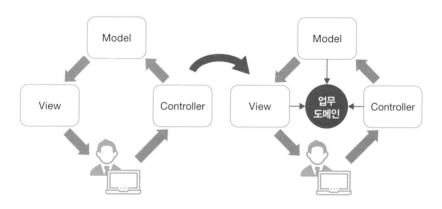

✔ 도메인 주도 설계에서는 업무에서 등장하는 말(하고 싶은 것, 실현하고 싶은 것, 알고 싶은 것)을 클래스명이나 메소드명으로 사용해, 고객과 개발자가 공통의 언어로 소통할 수 있게 된다.

✔ 객체 지향적인 사고방식뿐만 아니라 애자일한 개발 체제가 필요하다.

5-25

생성자, 소멸자

≫ 오브젝트의 초기화와 해제

생성 시에 반드시 호출되는 '생성자'

객체 지향 프로그래밍에서 클래스로 인스턴스를 생성할 때, 반드시 실행하려는 처리가 있다고 합시다. 이러한 경우에 사용하는 것이 **생성자**(컨스트럭터)이며, 인스턴스가 생성되는 타이밍에 반드시 단 한 번 실행됩니다(그림 5-55).

생성자에서 수행하는 처리로서 '그 인스턴스 안에서 사용되는 데이터를 위해 영역을 확보한다', '필요한 변수를 초기화한다'와 같은 내용을 생각할 수 있습니다.

생성자는 인스턴스가 생성될 때 자동으로 호출되므로, 프로그래머가 명시적으로 호출할 필요는 없습니다.

또한, 반환값이 지정되지 않는다는 특징도 있습니다. 생성자는 값을 반환하지 않는 함수이므로, 처리 결과를 반환할 수 없습니다. 만일 생성자 내에서 처리 중 불가피한 문제가 발생할 경우에는 예외를 발생시키는 방법을 사용합니다.

소멸될 때 반드시 호출되는 '소멸자'

생성자가 생성 시 호출되는 것과는 반대로 인스턴스가 소멸될 때 반드시 실행할 처리를 작성하기 위해 사용되는 것으로 **소멸자**(디스트럭터)가 있습니다. 소멸자는 인스턴스가 소멸되는 타이밍에서 반드시 한 번만 실행됩니다.

소멸자에서 하는 처리로는 인스턴스 안에서 동적으로 확보한 메모리 영역을 해제하는 것과 같은 처리를 생각할 수 있습니다. 소멸자도 인스턴스가 소멸될 때 자동으로 호출되므로 프로그래머가 명시적으로 호출할 필요는 없습니다.

값을 반환하지 않는 점도 생성자와 같아서, 어떤 오류가 발생할 수 있는 처리를 기술해서는 안 됩니다.

186   Chapter 5   설계부터 테스트까지

그림 5-55　생성자와 소멸자

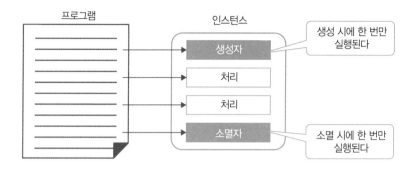

프로그램 　　　　　　인스턴스

생성자 ── 생성 시에 한 번만 실행된다

처리

처리

소멸자 ── 소멸 시에 한 번만 실행된다

그림 5-56　생성자와 소멸자 구현 사례(Python)

> | **product.py**

```python
class Product:
    def __init__(self, name, price):    # 생성자
        self.__name = name
        self.__price = price
        print('constructor')

    def __del__(self):                  # 소멸자
        print('destructor')

    def get_price(self, count):
        return self.__price * count

# 생성 시에 자동으로 생성자가 호출된다
product = Product('book', 100)
print(product.get_price(3))
# 소멸 시에 자동으로 소멸자가 호출된다
```

Point

✔ 생성자와 소멸자는 인스턴스가 생성될 때와 소멸될 때 각각 자동으로 호출되므로, 프로그래머가 명시적으로 호출할 필요는 없다.

✔ 인스턴스 내에서 사용하는 메모리 영역을 생성자로 확보하고, 소멸자로 해제하는 방법이 많이 사용된다.

5-26
WBS, EVM

» 개발 진척도를 관리한다

큰 프로젝트를 작은 태스크로 분할한다 //

시스템 개발 현장에서는 프로젝트 진행 상황을 관리해야 합니다. 이때 큰 프로젝트
에서는 전체를 일괄적으로 파악하기가 어렵기 때문에 작은 단위로 분할해서 관리합
니다.

이 분해된 단위를 태스크라고 하며, 태스크별로 진척도를 관리하는 방법으로서
WBS(Work Breakdown Structure)가 자주 사용됩니다. WBS에서는 각 공정을
대, 중, 소로 분할하여 트리 구조로 나열한 것을 말합니다. 각각 태스크의 시작 시기,
담당자 등을 배정한 후 시계열로 나열한 간트 차트(공정표)를 포함해서 WBS라 불리
는 경우가 있습니다(그림 5-57).

비용으로 진척도를 관리한다 //

WBS는 시간으로 관리하는데, 비용으로 판단하는 방법으로서 **EVM**(Earned Value
Management: 획득 가치 관리)이라는 것도 사용됩니다. 예를 들어, 인월단가 100
만원(5만원/인일)인 엔지니어가 어떤 작업을 4일에 걸쳐 완료했다고 합시다.

4일간 한 작업에만 전념하면 5×4=20만원입니다. 그러나 다른 일도 동시에 진행하
고 있어 이번 태스크는 하루의 절반만 매일 작업했다면, 이때의 비용은 5×4÷2=10
만원입니다.

이처럼 스케줄대로 완료되었는지 단순히 계산만 하는 게 아니라, 개발에 소요된 비
용을 의식하고 관리합니다.

EVM에서는 EV, PV, AC, BAC와 같은 4가지 지표로 진척도를 관리하고 각각을 그
래프화하여 **표현합니다.** 이 그래프를 보면 작업 지연이나 비용 초과 등을 판단할 수
있습니다. 그림 5-58과 같은 경우는 중간까지 작업이 예정대로 진행됐지만, 중간부
터 비용은 들어가는데도 작업이 지연되고 있음을 알 수 있습니다. EV가 PV를 밑도
는 경우, 같은 금액에 도달할 때까지의 기간의 차이를 조사함으로써, 완성될 때까지
의 스케줄을 예측하는 데에도 사용할 수 있습니다.

그림 5-57   WBS와 간트 차트의 예

대항목	중항목	소항목	담당자	시작일	종료일	공수	1	2	3	4	5	6	7	8	9	10	11	12	13	14	…
요건 정의	OX시스템	요건정의서작성	A	4월 1일	4월 5일	5인일	■	■	■	■	■										
		요건정의서리뷰	B	4월 8일	4월 10일	3인일								■	■	■					
	XY시스템	요건정의서작성	C	4월 1일	4월 3일	3인일	■	■	■												
		요건정의서리뷰	B	4월 4일	4월 5일	2인일				■	■										
설계	OX시스템	기본설계	D	4월 11일	4월 17일	5인일												■	■		
		기본설계리뷰	E	4월 18일	4월 19일	2인일															
		상세설계	F	4월 22일	4월 30일	7인일															
		상세설계리뷰	E	5월 1일	5월 2일	2인일															
	XY시스템	…	…	…	…	…															
구현	OX시스템	XXX 화면작성	G	5월 6일	5월 10일	5인일															
		YYY 화면작성	G	5월 13일	5월 17일	5인일															
		ZZZ 화면작성	G	5월 20일	5월 24일	5인일															
		…	…	…	…	…															

                           WBS   간트 차트

Chapter
5

그림 5-58   EVM의 예

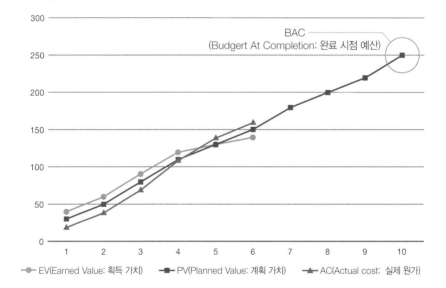

-●- EV(Earned Value: 획득 가치)   -■- PV(Planned Value: 계획 가치)   -▲- AC(Actual cost: 실제 원가)

Point

✔ WBS를 만들면, 해야 할 태스크가 명확해지고 일정 관리 및 역할 분담이 가능해진다.
✔ EVM을 사용함으로써 프로젝트 진척 상황을 객관적으로 파악할 수 있으며, 작업
계획의 정밀도를 향상시킬 수 있다.

한번 해봐요

테스트 코드를 작성해 보자

4장의 "한번 해봐요"에서는 하나의 ISBN에만 체크 디지트를 계산하고 확인했습니다. 그러나, 다른 ISBN에 대해서 마찬가지로 올바른 결과를 계산할 수 있다고 단정할 수는 없습니다.

그래서 4장의 "한번 해봐요"에서 작성한 check_digit 프로그램을 단위 테스트하는 프로그램을 작성해 보겠습니다. Python에는 단위 테스트 기능으로 unittest라고 하는 모듈이 표준으로 준비되어 있습니다. 이 기능을 사용하여 테스트 코드를 기술하고 자동 테스트를 수행해 봅시다.

unittest 모듈을 사용하려면, unittest를 임포트합니다. 다음은 unittest. TestCase 클래스를 상속받은 클래스를 만들고, 그 안에 테스트 케이스를 기술합니다. 여기에서는 TestCheckDigit라는 클래스를 작성합니다. 마지막으로 unittest. main()이라는 메소드를 호출합니다.

> | **test_check_digit.py**

```python
import unittest
from check_digit import check_digit

class TestCheckDigit(unittest.TestCase):
    def test_check_digit(self):
        self.assertEqual(7, check_digit('9784798157207'))
        self.assertEqual(6, check_digit('9784798160016'))
        self.assertEqual(0, check_digit('9784798141770'))
        self.assertEqual(6, check_digit('9784798142456'))
        self.assertEqual(2, check_digit('9784798153612'))
        self.assertEqual(4, check_digit('9784798148564'))
        self.assertEqual(9, check_digit('9784798163239'))

if __name__ == "__main__":
    unittest.main()
```

이 프로그램을 실행하면 테스트 결과가 표시됩니다. 결과가 검증값과 일치하지 않으면 테스트는 실패합니다. check_digit 프로그램을 변경해서 테스트 결과가 어떻게 바뀌는지 확인해 보세요.

Chapter **6**

웹 기술과 보안

웹 애플리케이션의 기반 기술을 이해한다

≫ 웹 기초 지식

표시 내용을 태그로 감싸 기술하는 HTML ///

웹페이지를 기술하는 언어로서 HTML(HyperText Markup Language)이 있습니다. '어느 웹페이지에서 다른 웹페이지로 링크한다' '웹페이지에 이미지나 동영상, 음성 등을 포함시킨다' 등 웹브라우저가 웹페이지를 표시하기 위한 지정을 텍스트 형식으로 기술할 수 있다는 것이 포인트입니다.

HTML에서는 표제나 단락, 표, 목록 등의 요소로 웹페이지를 구성합니다. 요소를 지정하려면 태그를 사용합니다. 시작 태그와 종료 태그로 요소를 기술할 뿐만 아니라, 시작 태그 안에서 그 요소에 속성과 값을 설정할 수도 있습니다.

예를 들어, 그림 6-1❶에 작성된 HTML 파일을 웹브라우저에서 열면 그림 6-1❷처럼 표시됩니다. 이 HTML 파일은 그림 6-2와 같은 계층 구조로 문서의 구조를 기술하고 있습니다.

웹브라우저를 이용해 링크를 클릭하거나 URL을 입력할 때마다, 웹브라우저 이면에서는 HTML 파일을 웹서버에서 받아와 웹브라우저에 표시하기를 반복합니다.

웹사이트 열람에 사용되는 프로토콜 //

웹브라우저와 웹서버 사이에 파일 내용을 주고받는 프로토콜로 HTTP(HyperText Transfer Protocol)가 있습니다. HTTP에서는 HTML 파일 뿐만이 아니라, 이미지 파일이나 동영상 파일, JavaScript 프로그램, 디자인을 담당하는 CSS 파일 등을 전송하는 방법을 정의하고 있습니다.

웹브라우저가 전송하는 HTTP 요청과 그에 대한 웹서버의 HTTP 응답을 주고받으며 파일이 전송됩니다. HTTP 요청으로 파일을 가져오는 방법과 가져올 파일에 관한 정보를 건네주면, HTTP 응답에서는 처리 결과를 나타내는 상태 코드와 응답할 내용을 반환합니다(그림 6-3).

그림 6-1 HTML 파일의 예

❶ HTML 파일

```
<!DOCTYPE html>
<html lang="ko">
<head>
    <meta charset="utf-8">
    <title>HTML 파일의 예</title>
</head>
<body>
    <h1> 샘플 페이지 </h1>
    <div>
        <h2>Lorem ipsum</h2>
        <div>
            Lorem ipsum dolor sit amet,
            consectetur adipiscing elit,
            sed do eiusmod tempor incididunt
            ut labore et dolore magna aliqua.
        </div>
    </div>
    <div>
        <h3> 링크 </h3>
        <a href="https://www.youngjin.com/">영진닷컴</a>
    </div>
</body>
</html>
```

❷ 웹브라우저 상에서의 표시

그림 6-2 HTML의 계층 구조

Chapter 6

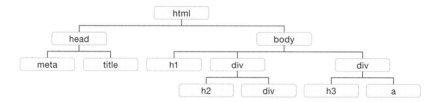

그림 6-3 대표적인 상태 코드

상태 코드	내용
100번대	정보(처리 중)
200번대	요청 성공
300번대	리다이렉트
400번대	클라이언트 에러
500번대	서버 에러

상태 코드	내용
200(OK)	문제 없이 처리됐다
301(Moved Permanently)	요청된 파일이 영구적으로 다른 장소로 이동했다
401(Unauthorized)	인증이 필요하다
403(Forbidden)	요청이 거부됐다
404(Not Found)	파일을 찾지 못했다
500(Internal Server Error)	오류 등으로 서버 쪽 프로그램이 작동하지 않는다
503(Service Unavailable)	웹서버 과부하로 처리할 수 없다

Point

✔ HTML로 작성한 웹페이지를 웹브라우저로 열면 지정한 문서 구조로 표시된다.

✔ 웹브라우저와 웹서버의 파일 교환에 HTTP가 사용된다.

≫ 소프트웨어 개발에 필요한 기능의 집합체

편리한 기능의 집합 '라이브러리'

여러 프로그램에서 공통으로 사용되는 편리한 기능을 모아놓은 **라이브러리**라는 것이 있습니다(그림 6-4). 예를 들어, 메일 전송이나 로그 기록, 수학 함수나 이미지 처리, 파일 읽기, 저장 기능 등을 들 수 있습니다.

라이브러리를 활용하면 처음부터 구현하지 않고 원하는 기능을 간단하게 실현할 수 있습니다. 라이브러리를 준비하면 복수의 프로그램과 공유할 수 있고 메모리나 하드 디스크 등을 효과적으로 이용할 수 있습니다.

라이브러리를 프로그램 실행 시에 링크하는 방법으로 **DLL**(Dynamic Link Library)이 있습니다. DLL을 사용함으로써, 라이브러리만 업데이트하면 기능을 개선할 수 있습니다.

개발에 필요한 자료를 모아서 제공

라이브러리와 인터페이스 뿐만 아니라, 샘플 코드나 문서 등을 패키지로 만든 **SDK**(Software Development Kit)가 있습니다. SDK는 프로그래밍 언어나 OS 등의 개발사나 판매처가 해당 시스템을 사용해 소프트웨어를 개발하는 개발자에게 배포합니다. 배포된 SDK를 사용하여 우수한 소프트웨어가 개발되면, 해당 시스템이 보급되고 이용자가 늘어날 것으로 기대할 수 있습니다.

소프트웨어의 기반

많은 소프트웨어에서 사용되는 일반적인 기능을 기반으로 준비한 것을 **프레임워크**라고 합니다. 개발자는 그 기반 위에서 개별 기능을 구현함으로써 개발 효율 향상을 기대할 수 있습니다.

라이브러리는 개발자가 지시하지 않는 한 아무것도 하지 않지만, 프레임워크를 사용하면 처리를 구현하지 않아도 어느 정도의 기능을 실현할 수 있습니다(그림 6-5).

물론 라이브러리를 호출해서 독자적인 기능을 추가할 수 있습니다.

그림 6-4 라이브러리

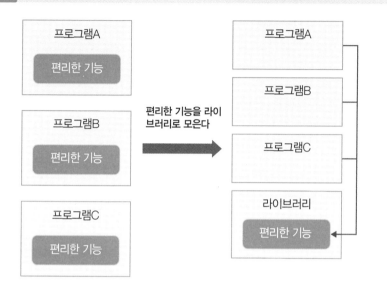

그림 6-5 프레임워크와 라이브러리의 차이

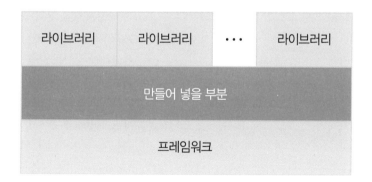

✔ 라이브러리를 사용하면 편리한 기능을 쉽게 사용할 수 있을 뿐만 아니라, 메모리 나 하드디스크 등을 효과적으로 이용할 수 있다.

✔ 프레임워크를 도입하면 많은 소프트웨어에서 사용되는 기능을 쓸 수 있다.

≫ 웹사이트의 디자인을 변경한다

HTML 요소에 디자인을 지정한다

HTML은 문서의 구조를 기술하지만, 디자인에 관한 정보는 포함되지 않습니다. HTML 문서에 디자인을 지정하는 방법으로 **CSS**(Cascading Style Sheets)가 있습니다. 웹페이지의 스타일을 결정하므로 스타일 시트라고 불리기도 합니다.

배경이나 문자의 색, 요소 배치 등을 CSS로 설정함으로써, 같은 HTML 파일이라도 완전히 다르게 보이도록 변경할 수 있습니다. CSS의 설정을 HTML 파일 안에 기술할 수도 있지만, 구조와 디자인을 분리하기 위해서 다른 파일로 준비하는 방법을 많이 사용합니다. CSS를 별도의 파일로 작성함으로써, 복수의 HTML 파일 디자인을 일괄적으로 설정할 수 있습니다(그림 6-6).

CSS는 선택자(selector), 속성, 값을 이용해 기술합니다. 예를 들어, h1{font-size:20px;}이라고 쓰면, h1이 선택자, font-size가 속성, 20px이 값이 되어, h1이라는 태그에 대해서 글자 크기를 20px로 설정합니다.

돋보이는 디자인을 간편하게 실현한다

CSS를 기술하면 웹페이지를 예쁘게 디자인할 수 있지만, 초보자가 통일감 있는 디자인을 하기에는 힘이 듭니다. 그래서, 처음부터 다 작성하지 않아도 **버튼, 폼 등의 디자인을 쉽게 이용할 수 있는 CSS 프레임워크**가 개발되었습니다. 대표적인 CSS 프레임워크로 그림 6-7과 같은 것이 있습니다.

최근에는 하나의 소스 코드로 PC에서도 스마트폰에서도 깔끔하게 표시할 수 있는, 반응형 디자인을 지원하는 프레임워크가 증가하고 있습니다.

CSS 프레임워크를 이용하면, 빠르게 웹페이지를 디자인할 수 있어 편리할 뿐만 아니라 유지보수하기에도 좋습니다. 반면에, 같은 CSS 프레임워크를 사용하는 웹페이지는 비슷하게 디자인되는 것이 많아, 독창성을 표현하기가 어렵습니다.

그림6-6 HTML 파일과 CSS 등을 조합해 웹페이지가 만들어진다

woman.html

```
<!DOCTYPE html>
<html>
    <head>
        <meta charset="utf-8">
        <title>여성의 이미지를 표시</title>
        <link rel="stylesheet" href="woman.css">
    </head>
    <body>
        <h1>컴퓨터에 입력하는 여성</h1>
        <img src="woman.png" alt="여성">
    </body>
</html>
```

woman.css

```
body {
    margin: 0px 10px;
}
h1 {
    border-left: 1em solid #ff00ff;
    border-bottom: 1px solid #ff00ff;
}
```

woman.png

Chapter
6

그림6-7 자주 사용되는 CSS 프레임워크

이름	특징
Bootstrap	기능이 풍부하고 CSS 프레임워크의 표준적인 존재
Semantic UI	많은 테마가 준비되어 있어 개성을 표현할 수 있다.
Bulma	단순하고 배우기 쉬워 인기가 급상승하고 있다.
Materiarize	Google이 제창하는 머티리얼 디자인을 따른다.
Foundation	Bootstrap과 마찬가지로 기능이 풍부하다.
Pure	Yahoo!가 개발한 초경량 프레임워크
Tailwind CSS	HTML의 요소에 클래스를 부가하는 것만으로 디자인을 커스터마이징할 수 있다.
Skeleton	필요한 최소한의 스타일만 준비된 프레임워크

Point

✔ HTML과 CSS를 분리함으로써 구조와 디자인을 따로 관리할 수 있다.
✔ CSS 프레임워크를 사용하여 보기 좋은 디자인을 쉽게 실현할 수 있다.

6-4

Cookie, 세션

≫ 같은 이용자를 식별한다

같은 단말기의 접속을 식별하는 기술

HTTP를 사용해 웹서버에 액세스 할 때, 페이지 전환이나 이미지의 읽기와 같은 통신을 반복하는데, 각각의 통신은 별개로 취급됩니다. HTTP 통신은 개별 단말기의 상태를 서버에서 관리할 필요가 없으므로, 서버의 부하를 줄일 수 있습니다.

반면에, 서버 쪽에서 동일한 단말기를 식별할 수 없어 쇼핑 사이트 등을 만들 때는 특수한 관리 방법이 필요합니다.

그래서, 이런 경우엔 Cookie라는 기술을 사용합니다(그림 6-8). 웹서버는 요청받은 컨텐츠를 반환할 뿐만 아니라, 생성한 Cookie를 합쳐서 전송하고 웹브라우저는 그 Cookie를 저장해 둡니다. 그 다음부터는 웹서버에 접속할 때마다 웹브라우저에서 Cookie를 전송합니다. 웹서버는 전송된 Cookie의 내용을 확인하거나 Cookie의 내용을 저장해 둔 정보와 비교해서 동일한 단말기의 접속임을 인식할 수 있습니다.

같은 이용자의 접속을 관리한다

Cookie를 통해 다양한 정보를 전송할 수 있지만, 개인 정보 등을 매번 전송하는 것은 보안상 문제가 있고 통신량도 많아질 수 있습니다. 그래서, 일반적으로는 ID만 전송합니다. 이 ID를 서버에서 관리하여, 개개의 통신을 식별합니다. 이처럼 동일한 이용자를 식별하기 위한 구조를 세션, 사용되는 ID를 세션 ID라고 합니다.

Cookie를 사용하는 방법 이외에 세션을 구현하는 방법으로는, 그림 6-9처럼 URL에 ID를 붙여 액세스 하는 방법과 폼의 숨겨진 필드를 사용하는 방법 등이 있습니다.

규칙적인 세션 ID를 사용하면 간단히 다른 사람으로 위장할 수 있으므로, 랜덤한 값을 사용하거나 암호화하는 등의 노력이 필요합니다.

그림 6-8 Cookie의 메커니즘

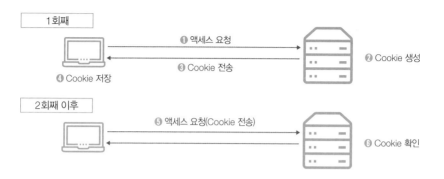

그림 6-9 세션 ID의 통신

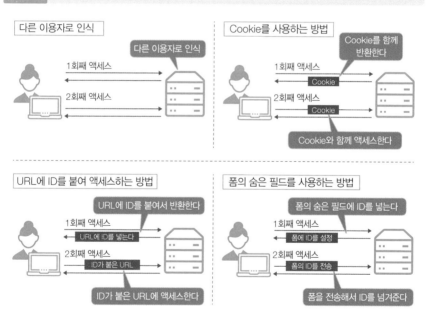

Chapter
6

Point
- ✔ HTTP로 통신하는 웹브라우저가 동일한 이용자임을 웹서버 쪽에서 확인하기 위해 쿠키가 사용된다.
- ✔ 쿠키 이외에도 같은 이용자를 식별하는 여러 가지 방법이 있지만, 위장을 방지하기 위한 대책이 필요하다.

≫ 인터넷상에서 서비스를 제공한다

이용자에 따라 표시할 내용을 변화시킨다

기업의 웹사이트처럼 이용자가 접속하는 타이밍과 관계없이 항상 같은 내용을 표시하는 것을 **정적 웹사이트**라고 합니다. 한편, 이용자가 투고할 수 있거나 로그인하는 이용자마다 표시 내용이 바뀌거나 하는 것을 **동적 웹사이트**라고 합니다(그림 6-10).

검색 엔진이나 SNS, 쇼핑 사이트 등은 모두 동적 웹사이트입니다. 동적으로 웹페이지를 생성하려면 웹서버 상에서 프로그램을 실행해야 합니다. 이렇게 웹서버 상에서 동작을 하고 HTML 등의 결과를 돌려주는 프로그램을 웹앱이라고 합니다.

동적 웹사이트는 접속해 온 사람에 맞추어 표시할 내용을 바꾸기 때문에 정적 사이트보다 웹서버에 부하가 걸립니다. 또, 취약성이 있으면 정보 누설이나 바이러스 감염, 위장 등의 위험이 발생하므로, 웹사이트를 공개할 경우에는 보안 면에서의 주의가 필요합니다.

웹앱과의 인터페이스

웹앱 개발에는 PHP나 Ruby, Python, Java 등의 프로그래밍 언어가 많이 쓰입니다. 이런 웹앱을 작동시키는 방법으로 예전부터 사용된 기법인 **CGI**(Common Gateway Interface)가 있습니다.

CGI는 웹서버에서 프로그램을 실행하기 위한 인터페이스로, **정적 웹사이트에서 동적인 웹앱을 호출**할 수 있습니다. 그러나 매번 프로세스를 시작해야 하기 때문에 조금 시간이 걸립니다.

최근에는 그림 6-11처럼 웹서버 내의 프로세스로 웹앱을 실행하는 방법이 많이 이용됩니다. 이 방법을 이용하면 비교적 빠르게 실행할 수 있고 서버에 걸리는 부하도 낮아집니다.

그림 6-10 웹앱의 특징

정적인 웹사이트

누가 보더라도
같은 콘텐츠

수동적

동적인 웹사이트, 웹앱

프로그램
(웹앱)

데이터베이스

사람에 따라 표시되는
내용이 다르다

능동적

Chapter
6

그림 6-11 CGI와 서버 내 프로세스와의 차이

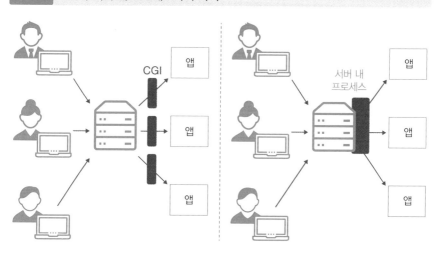

CGI

앱

앱

앱

서버 내
프로세스

앱

앱

앱

Point

✔ 정적 웹사이트에서는 누가 접속해도 같은 내용이 표시되는 반면, 동적 웹사이트에
서는 이용자의 입력 내용 등에 따라 표시되는 내용이 달라진다.

✔ 웹앱을 실행할 때 예전에는 CGI가 많이 사용되었으나, 최근에는 웹서버 내의 프로
세스로 실행하는 방법이 늘고 있다.

≫ GUI 애플리케이션의 기능을 분할한다

소스 코드를 역할에 따라 분할한다

웹앱이나 데스크톱 앱 등 GUI를 다루는 앱을 개발하는 경우, 디자인을 변경해야 할 일이 많습니다. 소규모 프로그램이라면 입력 처리부터 데이터 저장, 출력까지 하나의 소스 코드로 구현해도 문제될 일은 거의 없습니다.

그러나 규모가 커지면 개발자나 디자이너 등 여러 사람이 개발에 관여하게 됩니다. 이때 하나의 소스 코드로 관리하게 되면, 디자이너가 디자인을 조금 바꾸고 싶어도 변경한 데이터 저장 부분이 포함된 소스 코드까지 수정을 해야 됩니다.

또 프로그래머가 처리 내용만 변경하고 싶어도 디자인에 영향을 미칠 가능성이 있습니다. 이러한 상황을 피하기 위해 소스 코드를 Model(모델), View(뷰), Controller(컨트롤러)로 나누어 개발하는 방법을 사용하는 경우가 많으며, 각 머리글자를 따서 **MVC**라고 불리고 있습니다(그림 6-12).

이 MVC에 따른 프레임워크를 MVC 프레임워크라고 합니다. 웹앱의 MVC 프레임워크의 예로는 Ruby의 Ruby on Rails, PHP의 Laravel이나 CakePHP 등이 있습니다.

MVVM와 MVP

최근에는 어느 화면 상의 항목을 수정했을 때 즉시 반영하거나, 혹은 데이터베이스에 저장된 내용이 변경됐을 때 화면에도 바로 반영하는 등 양방향의 통신이 요구되는 경우가 있습니다.

이를 실현하는 방법으로 모델이나 뷰에서 갱신된 데이터를 다른 쪽에 반영하는 View Model(뷰 모델)이라는 방법이 있습니다. 그림 6-13처럼 View와 Model을 연결하는 역할을 하는 것으로, 각각의 머리글자를 따서 **MVVM**이라고 합니다.

그 밖에도 MVP(그림 6-14) 등의 방법도 있습니다.

그림 6-12   MVC

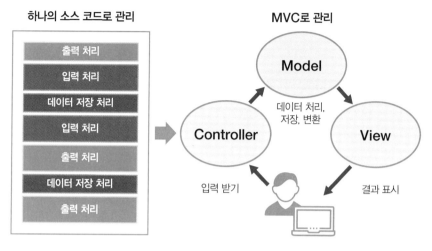

하나의 소스 코드로 관리

MVC로 관리

출력 처리
입력 처리
데이터 저장 처리
입력 처리
출력 처리
데이터 저장 처리
출력 처리

Model

Controller

데이터 처리,
저장, 변환

View

입력 받기

결과 표시

그림 6-13   MVVM

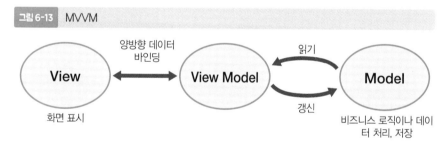

양방향 데이터
바인딩

읽기

View

View Model

Model

화면 표시

갱신

비즈니스 로직이나 데이
터 처리, 저장

그림 6-14   MVP

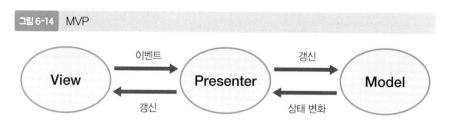

이벤트

갱신

View

Presenter

Model

갱신

상태 변화

Point

✔ 웹앱 개발 등에서 MVC 등을 사용함으로써 분업이 명확해지고 개발 효율 향상을
   기대할 수 있다.

✔ MVC와 마찬가지로 역할을 나누는 방법으로서 MVVM이나 MVP 등이 있다.

» HTML 등의 요소를 조작한다

트리 구조로 프로그램에서 HTML의 요소를 다룬다

웹앱은 웹서버 쪽뿐만 아니라, 웹브라우저 쪽에서 처리해야 하는 경우도 있습니다. 예를 들면, 입력 폼에 입력된 내용을 전송하기 전에 검사하거나 항목을 동적으로 증감시키는 상황 등이 그렇습니다.

웹브라우저 상에서 실행할 수 있는 프로그래밍 언어로는 JavaScript가 있고, 많은 웹브라우저에서 지원합니다. HTML의 요소를 조작하려면 HTML의 계층 구조를 다룰 API가 필요한데, 이를 실현하는 구조가 **DOM**(Document Object Model)입니다.

DOM을 사용하면 HTML 등의 문서를 그림 6-15처럼 트리 구조로 다룰 수 있습니다. 웹브라우저의 표시를 동적으로 변경하려면, HTML의 요소나 속성을 변화시킬 필요가 있으므로 그림 6-15처럼 각 요소에 접한 요소를 순서대로 접근하는 방법을 제공합니다.

JavaScript에서는 이러한 함수가 기본으로 제공되고 있어, DOM을 간편하게 다룰 수 있습니다. 그뿐만 아니라 요소나 속성, 텍스트 등을 JavaScript의 오브젝트로서 조작할 수 있고, 인터랙티브한 동작을 실현할 수 있습니다.

비동기로 웹서버와 통신한다

웹사이트에 액세스할 때, 보통은 웹페이지의 링크를 클릭해서 페이지를 전환합니다. 이때 웹페이지 전체를 읽어들여 표시하는데, 페이지 내의 일부만 고쳐 쓰는 경우에는 낭비가 심하다고 할 수 있습니다.

브라우저를 조작했을 때, 페이지를 전환하지 않고 웹서버와 비동기로 HTTP 통신을 실시함으로써, 웹페이지의 내용을 동적으로 수정하는 기법을 **Ajax**(Asynchronous JavaScript+XML)라고 합니다(그림 6-16).

여기서 '비동기'라고 하는 부분이 중요한데, 서버와 통신하는 동안 이용자는 페이지 내 다른 부분을 조작할 수 있습니다. 또한 Ajax에 의해 페이지를 전환할 때마다 발생하던, 페이지가 로드될 때까지의 대기 시간을 없앨 수 있습니다.

그림 6-15   HTML의 구조와 DOM에서의 이동 조작

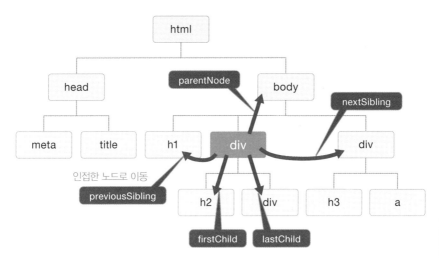

그림 6-16   Ajax에서의 비동기 통신

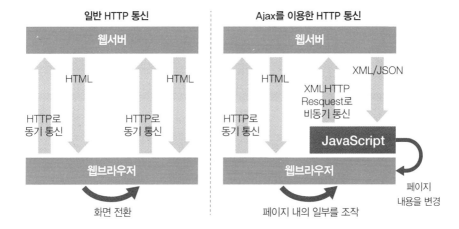

Point

✔ 웹브라우저에서 HTML의 요소를 조작하기 위해, JavaScript로 DOM을 다루는 방법
 이 자주 사용된다.

✔ 웹서버와 비동기로 통신하여 페이지 내용을 동적으로 변경하는 기법을 Ajax라고
 하고, 이 기술을 이용함으로써 사용자 경험이 향상된다.

≫ 웹브라우저로 동적인 제어를 간단히 수행한다

몇 줄로 구현할 수 있어 개발 효율을 높일 수 있는 jQuery \\\\\\\\\\\\\\\\\\\\\\\\

JavaScript는 많이 쓰이고 있지만, 개발 효율을 높이기 위해 라이브러리나 프레임 워크를 함께 사용하는 경우가 증가하고 있습니다. 그 중 오래 사용되어 온 라이브러리로 jQuery가 있습니다. JavaScript만 쓰면 상당한 라인 수가 되는 처리도 jQuery를 사용하면 단 몇 줄로 구현할 수 있게 되는 경우가 적지 않습니다(그림 6-17).

화면 전환을 하지 않고 비동기로 웹서버와 통신해서, 페이지 일부를 변경하는 Ajax와 같은 처리는 jQuery 등을 사용하면 효율적으로 개발할 수 있습니다.

가상 DOM을 사용하는 React, Vue.js \\\\\\\\\\\\\\\\\\\\\\\\\\\\\\\\\

웹브라우저의 처리에선 DOM을 조작해 HTML의 요소를 다루는 것이 일반적이지만, 처리가 복잡해지면 관리가 귀찮아집니다. 그래서 가상 DOM이라는 가상적인 메모리 영역을 조작해 HTML의 요소를 빠르게 다루는 방법으로 React나 Vue.js 등을 이용합니다(그림 6-18).

React는 Facebook이 개발한 라이브러리로, 대규모 앱에서 많이 채택되고 있습니다. 웹앱뿐만 아니라 스마트폰앱을 개발할 수 있는 React Native 등도 있어서 인기를 끌고 있습니다.

또한 Vue.js도 인기가 있습니다. 학습 자료가 많아 배우기 쉬울 뿐만 아니라, 간편하게 다룰 수 있는 심플한 프레임워크라서 기존 프로젝트에 조금씩 도입할 수 있습니다. Vue.js를 활용한 Nuxt.js도 주목을 받고 있습니다.

인기있는 프레임워크와 라이브러리 \\\\\\\\\\\\\\\\\\\\\\\\\\\\\\\\\\\\

JavaScript에 형을 도입한 TypeScript를 사용하는 프레임워크가 Angular입니다. 구글이 개발하여 많은 웹앱에서 사용하고 있습니다.

소규모 개발에는 심플하고 경량인 라이브러리로서 사용할 수 있는 Riot도 주목을 끌고 있습니다. 학습 비용이 적기 때문에 손쉽게 도입할 수 있습니다.

그림 6-17　프레임워크와 라이브러리의 사용 효과(예: JQuery)

```
let button = document.getElementById('btn')
button.onclick = function(){
    let req = new XMLHttpRequest()
    req.onreadystatechange = function() {
        let result = document.getElementById('result')
        if (req.readyState == 4) {
            if (req.status == 200) {
                result.innerHTML = req.responseText
            }
        }
    }
    req.open('GET', 'sample.php', true)
    req.send(null)
}
```

```
$('#btn').on('click', function(){
    $.ajax({
        url: 'sample.php' ,
        type: 'GET'
    }).done(function(data) {
        $('#result').text(data)
    })
})
```

JQuery를 사용하면…

Chapter
6

그림 6-18　특징 비교

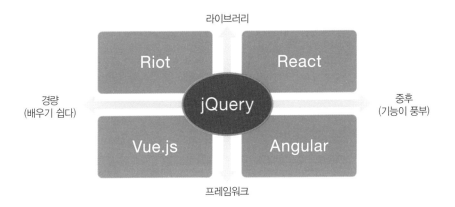

라이브러리

Riot

React

경량
(배우기 쉽다)

jQuery

중후
(기능이 풍부)

Vue.js

Angular

프레임워크

Point

✔ JavaScript의 프레임워크나 라이브러리를 사용함으로써 웹브라우저 상에서 실행하는 처리를 쉽고 편리하게 기술할 수 있다.

✔ 요즘은 jQuery보다 더 편리한 프레임워크나 라이브러리가 인기를 끌고 있다.

>> 웹에서 자주 사용되는 데이터 형식

HTML처럼 태그로 감싸는 표현 방법 //

데이터를 텍스트 형식으로 저장하는 방법 중에서 친숙한 형식으로 **CSV**(Comma Separated Value)가 있습니다. 콤마로 구분해 나누기만 하면 되므로 데이터를 표 계산 소프트웨어 등에서 다루기는 쉽지만, 표제행에 열 이름을 지정할 수 있는 것 이 외에 데이터 구조에 관한 정보를 넣을 수 없습니다.

그래서, 프로그램에서 처리하기 쉬운 데이터 구조가 만들어졌습니다. HTML과 비슷 한 태그로 표현하는 방식으로 **XML**(eXtensible Markup Language)이 있습니다. 태그의 이름 이외에 속성을 사용해서 표현할 수 있으며, 데이터 저장뿐만 아니라 설 정 파일 기술 등에서도 많이 사용됩니다(그림 6-19).

프로그램으로 처리하기 쉬운 표현 방법 //

XML은 편리하지만, 시작 태그와 종료 태그를 끼워야 하는 등 기술할 량이 많고 가 독성도 낮습니다. 그래서 최근에는 좀 더 쉬운 기술 방식으로 **JSON**(JavaScript Object Notation)이 많이 쓰입니다.

이름 그대로 JavaScript에서 사용하는 기법으로, 그대로 JavaScript의 오브젝트 로 사용할 수 있습니다. 최근에는 JSON 형식을 쉽게 다룰 수 있는 프로그래밍 언어 도 늘고 있어, 많은 프로그램에서 사용되고 있습니다.

들여쓰기를 사용하는 표현 방법 //

JSON과 비슷한 기법으로 **YAML**(YAML Ain't a Markup Language)이 있으며 XML보다 간단하게 기술할 수 있습니다. 들여쓰기로 계층을 표현하는 기법이기 때 문에 쉽게 이해하고 배울 수 있는 특징이 있습니다.

JSON에서는 코멘트를 기술할 수 없지만, YAML에서는 기술할 수 있기 때문에 설 정 파일이나 로그 등의 용도로 편리하게 사용됩니다. YAML에서 정해진 것은 사양 뿐이므로, 처리하는 라이브러리가 필요합니다.

데이터의 표기가 올바른지 검증하는 툴로 lint가 있습니다(그림 6-20).

그림 6-19 데이터 형식의 비교

CSV 형식의 예

```
제목, 가격, 출판사
그림으로배우는데이터과학, 16000, 영진닷컴
그림으로배우는네트워크원리, 16000, 영진닷컴
...
```

XML 형식의 예

```
<?xml version="1.0"?>
<books>
    <book>
        <제목>그림으로배우는데이터과학 </제목>
        <가격>16000</가격>
        <출판사>영진닷컴</출판사>
    </book>
    <book>
        <제목>그림으로배우는네트워크원리</제목>
        <가격>16000</가격>
        <출판사>영진닷컴</출판사>
    </book>
...
</book>
```

JSON 형식의 예

```
[
    {
        "제목": "그림으로배우는데이터과학",
        "가격": 16000,
        "출판사": "영진닷컴"
    },
    {
        "제목": "그림으로배우는네트워크원리",
        "가격": 16000,
        "출판사": "영진닷컴"
    }, ...
]
```

YAML 형식의 예

```
- 제목: 그림으로배우는데이터과학
  가격: 16000
  출판사: 영진닷컴
- 제목: 그림으로배우는네트워크원리
  가격: 16000
  출판사: 영진닷컴
```

Chapter 6

그림 6-20 데이터 형식을 검증하는 lint

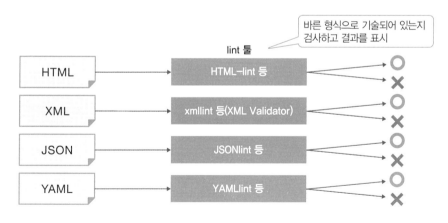

바른 형식으로 기술되어 있는지 검사하고 결과를 표시

lint 툴

HTML → HTML-lint 등
XML → xmllint 등(XML Validator)
JSON → JSONlint 등
YAML → YAMLlint 등

Point
✔ 데이터를 텍스트 형식으로 저장할 때의 포맷으로 CSV나 XML, JSON, YAML 등이 있다.
✔ 데이터가 올바르게 표기되어 있는지를 검증하는 툴로 lint가 있다.

≫ 정합성을 유지하면서 데이터를 다룬다

정합성을 유지한 상태로 데이터를 관리한다 \\

텍스트나 이미지뿐만 아니라, Word나 Excel과 같은 앱의 데이터 등 우리는 많은 데이터를 파일로 저장합니다. 하지만 많은 데이터를 여러 명이 이용할 때는 누가 어디에 데이터를 저장했는지 파악하기 어렵습니다. 파일 서버 등을 사용하는 방법도 있지만, 여러 명이 사용하면 동시에 액세스할 수 없거나 수정할 수 없게 되는 경우도 있습니다. 또한 잘못된 파일도 아무렇지 않게 저장되는 문제도 있습니다.

그래서 기업 등에서 중요한 데이터를 정합성을 유지한 상태로 보존하는 방법으로 데이터베이스가 자주 사용됩니다.

데이터 조작뿐만 아니라 저장할 테이블 등을 정의하다 \\\\\\\\\\\\\\\\\\\\\\\\\\\\\\\

데이터베이스를 다룰 때는 SQL이라는 프로그래밍 언어를 사용합니다. 하나의 데이터베이스에는 Excel의 시트와 같은 '테이블'이 여러 개 존재하며, SQL을 이용해서 그 테이블을 조작합니다. SQL로 데이터 등록이나 갱신, 삭제와 같은 데이터 조작뿐만 아니라 테이블이나 인덱스(색인)의 정의나 갱신, 삭제도 가능합니다(그림 6-21).

데이터베이스는 여러 가지 제품이 있지만, SQL은 표준화되어 있으므로 기본적으로 어떤 제품에서든 사용할 수 있습니다. 하지만 제품마다 독자적으로 확장한 기능도 있어, 부분적으로 사용할 수 없는 기능도 있으니 주의가 필요합니다.

정합성을 확보한다 \\

데이터베이스 제품을 일반적으로 DBMS(데이터베이스 관리시스템)라고 부릅니다. DBMS는 '데이터 무결성 유지', '접근 권한 설정으로 데이터 보호', '모순없이 처리하는 트랜잭션', '장애에 대비한 백업 생성' 등의 기능을 가지고 있습니다(그림 6-22).

프로그래머는 SQL로 지시만 내리면 안전하게 데이터를 관리할 수 있습니다.

그림 6-21 SQL의 대표적인 기능

분류	SQL문	내용
데이터 모델을 정의	CREATE	테이블과 인덱스를 작성한다
	ALTER	테이블과 인덱스를 변경한다
	DROP	테이블과 인덱스를 삭제한다
데이터를 조작	SELECT	테이블에서 데이터를 가져온다
	INSERT	테이블에 데이터를 등록한다
	UPDATE	테이블의 데이터를 업데이트한다
	DELETE	테이블의 데이터를 삭제한다
권한 등을 조작	GRANT	테이블과 사용자에게 권한을 부여한다
	COMMIT	테이블에 대한 변경을 확정한다
	ROLLBACK	테이블에 대한 변경을 취소한다

그림 6-22 DBMS의 효과

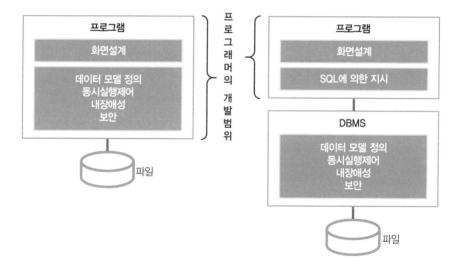

Point

✔ 데이터베이스를 사용함으로써 데이터 관리를 DBMS에 맡길 수 있으며, 정합성을 유지한 상태로 안전하게 보존할 수 있다.

✔ 데이터베이스는 SQL이라고 하는 프로그래밍 언어로 조작한다.

>> 데이터의 정합성을 확보하는 기술

다른 사람이 동시에 같은 파일을 사용할 수 없게 한다 \\\\\\\\\\\\\\\\\\\\\\\\\\\\\\\\\\\\\\

인터넷으로 제공하는 서비스 등은 여러 사람이 동시에 접속합니다. 이때, 복수의 사람이 동시에 같은 데이터를 참조하거나 갱신해도 모순 없이 처리할 필요가 있습니다. 이것을 **동시실행제어**라고 합니다.

A씨가 파일을 열어 거기에 데이터를 추가하고 저장하는 장면을 생각해 봅시다. 데이터를 추가하는 동안 B씨가 추가 전의 파일을 열고 수정한 후 저장해 버리면, A씨가 변경한 내용은 사라져 버립니다.

그래서 어떤 사람이 데이터를 사용하고 있을 땐 다른 사람이 그 데이터를 사용하지 못하도록 해야 됩니다. 이를 **배타제어**라고 합니다. 배타제어 방식으로는 그림 6-23 처럼 비관적 배타제어와 낙관적 배타제어가 있습니다.

업데이트를 한꺼번에 처리한다 \\\

일부 처리만 성공하고 나머지 처리가 실패하면, 데이터베이스의 정합성을 유지할 수 없는 경우 복수의 처리를 일련의 흐름으로 처리해야 합니다. 이것을 **트랜잭션**이라고 합니다. 트랜잭션을 사용하면 처리를 한 번에 모아서 성공하거나 실패하거나 둘 중 하나로 분류할 수 있습니다.

트랜잭션의 예로서 그림 6-24와 같은 은행 입금 처리가 있습니다. A씨가 B씨에게 이체할 때, A씨의 계좌로부터 출금하는 처리와 B씨의 계좌로 입금하는 처리가 필요합니다. 이 두 개의 처리를 분리해 버리면, 출금 처리는 성공하고 입금 처리에 문제가 발생한 경우에 그 돈이 허공에 날아가 버립니다.

따라서, 이러한 처리를 트랜잭션으로 묶어 출금과 입금이 모두 이루어졌을 때만 성공으로 처리하고, 어느 한 쪽이 실패했을 때는 전체를 취소할 수 있도록 설정할 수 있습니다.

만약, B씨도 자신의 계좌에서 A씨의 계좌로 동시에 이체하려는 경우, 각각의 소유자가 동시에 계좌를 이용하고 있기에 2명 모두 데이터를 갱신할 수 없습니다. 이러한 상황을 **데드락**이라고 합니다.

그림 6-23 배타제어

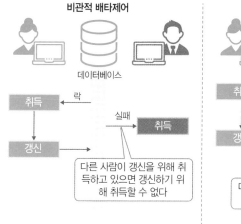

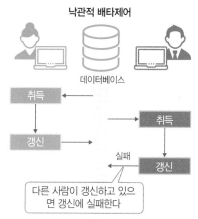

그림 6-24 트랜잭션과 데드락

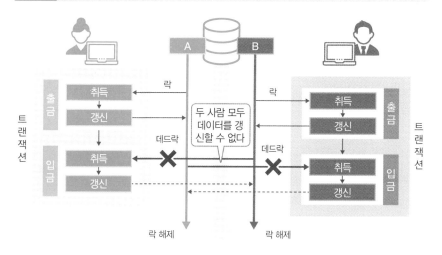

Point

✔ 여러 사람이 동시에 같은 데이터를 갱신하려고 해도, 데이터의 정합성을 확보할
수 있는 기능이 데이터베이스에는 준비되어 있다.

✔ 여러 처리가 동시에 갱신하려고 해서, 어느 쪽도 처리할 수 없는 상황을 데드락이
라고 한다.

≫ 서버를 빌려서 서비스를 제공한다

인터넷 상의 서버 일부를 빌린다

웹사이트를 운영할 때 직접 웹서버를 구축하는 방법도 있지만, 24시간 체제로 운영하려면 전기료도 많이 들고 감시하기도 어렵습니다. 그래서 웹사이트 운영에 특화된 서버를 제공하는 사업자와 월이나 연단위로 계약해서 이용하는 방법을 많이 사용합니다.

하나의 물리 서버 상에 OS나 데이터베이스, 웹서버 등을 설치하여 인터넷 상에 공개하는 서버를 **렌탈 서버**라고 합니다.

여러 웹사이트 운영자가 자원을 공유해서 사용하므로, 웹사이트 운영자가 따로 OS나 데이터베이스, 웹서버 등의 설정을 바꿀 수는 없습니다. 운영자가 배치한 파일에 방문객이 접속하여 열람할 뿐입니다(그림 6-25).

인터넷 상의 서버를 스스로 관리하다

렌탈 서버는 비용이 저렴하지만, 사업자가 제공하는 기능만을 사용할 수 있습니다. 웹서버나 메일 서버 등 자주 사용되는 기능만 제공하므로, 이용자가 사용하고 싶은 도구나 언어를 자유롭게 쓸 수 없습니다.

할 수 있는 것이 제한되어 있어, 운용을 맡길 수 있다는 측면에서는 보안 등을 생각하면 안심할 수 있지만, 더 자유롭게 사용하고 싶은 경우는 렌탈 서버에 불만이 생기게 마련입니다.

그래서 물리 서버에 설치된 OS 상에 가상 서버를 준비하고, 그 가상 서버를 이용자에게 할당하는 **VPS**(Virtual Private Server) 기술이 개발됐습니다.

VPS에서 이용자는 가상 서버(게스트 OS)의 관리자 권한을 취득하므로, 자유롭게 서버를 구축하고 툴을 도입할 수 있습니다(그림 6-26). 다만, 서버를 직접 관리하기 때문에, 수정 프로그램 등도 스스로 적용하지 않으면 보안 면에서 불안할 수 있습니다.

그림 6-25 렌탈 서버

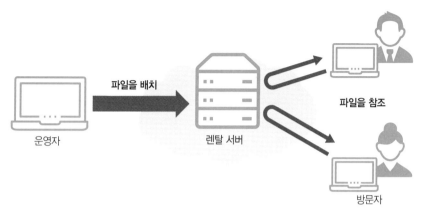

운영자   파일을 배치   렌탈 서버   파일을 참조   방문자

그림 6-26 렌탈 서버와 VPS의 차이

렌탈 서버	VPS			
	앱	앱	앱	앱
앱(웹서버 등)	DB 등	DB 등	DB 등	DB 등
데이터베이스, 미들웨어	게스트 OS	게스트 OS	게스트 OS	게스트 OS
OS	OS			
하드웨어, 네트워크	하드웨어, 네트워크			

Point

✔ 렌탈 서버를 사용함으로써 직접 서버를 구축하지 않고도 365일 24시간 인터넷에 공개된 영역을 사용할 수 있다.

✔ 웹서버나 메일서버 이외의 툴이나 프로그래밍 언어를 자유롭게 사용하고 싶을 때 는 VPS를 사용할 수도 있다.

✔ VPS를 사용하는 경우는 서버 관리도 직접해야 하므로 보안 등에 주의할 필요가 있다.

6-13

SaaS, PaaS, IaaS

≫ 클라우드 기술의 서비스 형태

서비스로서의 클라우드 //

서버의 기능이나 앱 등을 인터넷을 통해 서비스로서 이용하는 것을 클라우드라고 부르는 경우가 있습니다. 클라우드에서 이용할 수 있는 서비스는 다양하며, 서비스 내용이나 이용 형태에 따라 분류됩니다(그림 6-27).

앱을 서비스로서 제공하고 이용하는 형태를 SaaS라고 합니다. SaaS에서는 사업자가 앱까지 제공하기 때문에 이용자는 웹브라우저를 이용하여 해당 앱을 이용하기만하면 됩니다. 데이터를 저장할 수는 있지만, 앱을 포함해서 기능을 변경할 수는 없습니다.

플랫폼으로서의 클라우드 //

OS와 같은 플랫폼을 서비스로 제공하는 형태를 PaaS라고 합니다. PaaS에서는 제공된 플랫폼 상에서 움직이는 앱을 이용자 측에서 준비하므로 자유롭게 앱을 개발하여 이용할 수 있습니다.

인프라 구축에 관한 수고를 덜고, 자신이 원하는 기능을 손쉽게 실현하고 싶은 개발자에게 편리한 서비스라고 할 수 있습니다.

인프라로서의 클라우드 //

하드웨어나 네트워크 등의 인프라 부분을 서비스로 제공하는 형태를 IaaS라고 합니다. IaaS에서는 OS나 미들웨어 부분에서 이용자가 자유롭게 선정하여 인터넷 상에서 이용할 수 있습니다.

하드웨어의 성능이나 OS를 자유롭게 선택할 수 있는 한편, OS나 하드웨어, 네트워크 등에 관한 지식이 요구됩니다. 세밀하게 설정할 수 있지만, 보안 등에 대해서도 모두 이용자가 대비해야 합니다.

어떤 형태든 '사용한 만큼 요금을 내는 것'이 클라우드의 특징입니다. 실현하고 싶은 기능에 맞게, 서비스 형태를 구분해 사용합니다(그림 6-28).

그림 6-27 플랫폼의 비교

이용자가 준비하는 범위

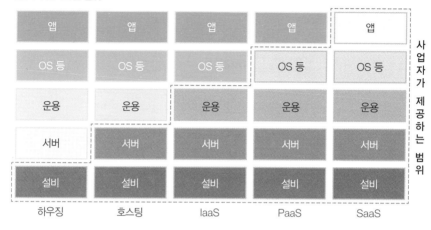

앱	앱	앱	앱	앱
OS 등	OS 등	OS 등	OS 등	OS 등
운용	운용	운용	운용	운용
서버	서버	서버	서버	서버
설비	설비	설비	설비	설비
하우징	호스팅	IaaS	PaaS	SaaS

사업자가 제공하는 범위

그림 6-28 플랫폼의 사용 구분

요금이나 성능을 유연하게 바꾸고 싶다

IaaS	PaaS
VPS	임대 서버

서버나 툴을 자유롭게 선정하고 싶다

간편하게 앱 등을 개발, 운용하고 싶다

요금은 정액, 성능은 고정하고 싶다

> **Point**
> ✔ 글라우드 환경으로 SaaS나 PaaS, IaaS 등이 있지만, 각각의 자유도와 주의점을 고려한 후 선택해야 한다.
> ✔ VPS나 렌탈 서버와 비교하여, 성능을 유연하게 바꿀 수 있는 반면에 요금도 달라진다.

» 소프트웨어로 하드웨어를 실현한다

컴퓨터 안에서 복수의 컴퓨터를 동작시킨다 //////////////////////////////////////

CPU나 메모리와 같은 하드웨어의 기능을 소프트웨어로 구현해서, 컴퓨터 안에서 가상의 컴퓨터를 동작시키는 기술을 **가상 머신**이라고 합니다. 가상 머신을 사용하면 한 대의 컴퓨터로 복수의 가상 컴퓨터를 운용할 수 있습니다(그림 6-29).

요즘 컴퓨터는 하드웨어의 성능이 높아져서 CPU 등에 여유가 있는 상황입니다. 만약 가상으로 여러 컴퓨터를 운용해 부담을 평준화할 수 있다면, 물리적인 서버 대수를 줄일 수 있으므로 비용 절감으로 이어집니다. 단, 가상화 소프트웨어 상에서 소프트웨어적으로 실행하므로 물리적인 하드웨어에서 실행하는 것보다는 성능이 떨어집니다.

컨테이너로 OS를 관리한다 //////////////////////////////////////

가상 머신은 편리한 시스템이지만, 각각 OS를 실행해야 하고 CPU나 메모리뿐만 아니라 하드디스크 등의 기억장치도 실제와 마찬가지로 소비합니다. 그래서 컨테이너형 앱 실행 환경이 고안되었습니다.

대표적인 것으로 **Docker**가 있으며, 가상 머신에 비해 시작 시간이 짧고 성능면에서도 유리합니다. OS는 고정되지만 개발 환경 등에서 많이 사용되고 있습니다(그림 6-30).

자동으로 가상 머신을 설정하다 //////////////////////////////////////

여러 개의 비슷한 가상 머신을 관리할 경우, 매번 설정을 반복하기는 귀찮습니다. 가상 머신의 구성 정보를 기술한 설정 파일을 작성함으로써, 가상 머신의 구축이나 설정을 자동화하는 방법이 있습니다. 대표적인 툴로 **Vagrant**가 있습니다.

한 번 설정 파일을 작성해 두면, 간단히 대수를 늘릴 수 있을 뿐만 아니라, 다른 담당자와 공유하는 것도 가능합니다.

그림6-29 가상 머신과 Docker

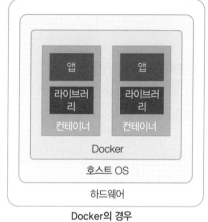

가상머신의 경우

Docker의 경우

Chapter

6

그림6-30 Docker의 조작

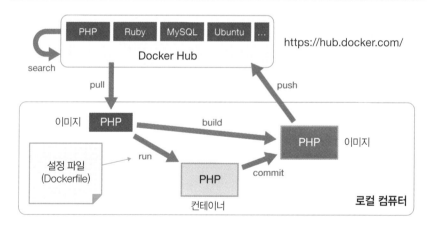

✔ 가상 머신을 사용해 한 대의 컴퓨터 안에서 여러 대의 가상 컴퓨터를 실행할 수 있다.

✔ 최근에는 Docker와 같은 컨테이너형을 도입하는 기업이 늘고 있어, 더욱 유연한 가상 환경을 구축할 수 있게 되었다.

» OS와 다른 애플리케이션의 기능을 호출한다

소프트웨어의 인터페이스 //

GUI나 CUI는 인간이 컴퓨터를 사용할 때 사용하는 인터페이스이지만, 소프트웨어끼리 데이터를 주고받을 때도 인터페이스가 필요합니다. 앱 개발에서 기존 라이브러리를 사용하는 경우, 그 인터페이스를 **API**(Application Programming Interface)라고 합니다(그림 6-31).

제공되는 API를 따라서 프로그램을 작성하면 라이브러리의 내용을 알지 못해도 라이브러리의 기능을 사용할 수 있습니다. OS에서 제공하는 기능을 호출하는 데 사용하는 API도 있고, 다른 앱에서 제공하는 기능을 호출하는 데 사용하는 API도 있습니다.

하드웨어의 기능을 호출한다 //

하드웨어를 제어하는 소프트웨어를 개발할 때, 앱이 직접 하드웨어를 제어하는 일은 허용되지 않습니다. 그래서 OS는 하드웨어를 제어하는 기능을 앱이 사용할 수 있도록 **시스템 콜**이라는 기능을 가지고 있으며, API와 마찬가지로 호출해서 사용합니다.

일반적인 프로그램에서는 시스템 콜을 사용할 경우가 별로 없지만, 일부 시스템에서 빠른 처리 속도가 요구되는 경우에 사용됩니다.

여러 서비스를 조합한다 //

인터넷 상에 공개된 웹서비스를 호출해 다른 서비스와 연계할 수도 있습니다. 이러한 인터페이스를 웹 API라고 합니다(그림 6-32). 또한 여러 웹서비스를 연계해 새로운 서비스를 만드는 것을 **매쉬업**이라고 합니다(그림 6-33).

예를 들어, 이벤트 정보를 검색하는 앱을 만들 때 지도나 노선 검색을 위한 API를 조합하면, 그 이벤트를 방문하는 사람에게 편리한 서비스를 만들 수 있습니다.

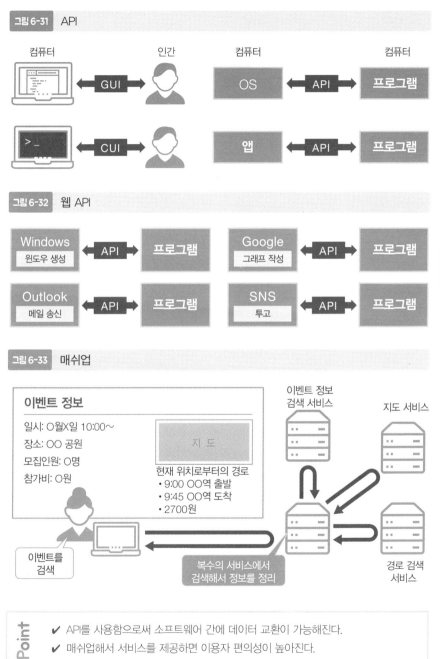

그림 6-31 API

컴퓨터 인간

GUI

CUI

컴퓨터 컴퓨터

OS ← API → <u>프로그램</u>

앱 ← API → <u>프로그램</u>

그림 6-32 웹 API

Windows
윈도우 생성
← API → <u>프로그램</u>

Google
그래프 작성
← API → <u>프로그램</u>

Outlook
메일 송신
← API → <u>프로그램</u>

SNS
투고
← API → <u>프로그램</u>

Chapter
6

그림 6-33 매쉬업

이벤트 정보

일시: O월X일 10:00~
장소: OO 공원
모집인원: O명
참가비: O원

지 도

현재 위치로부터의 경로
• 9:00 OO역 출발
• 9:45 OO역 도착
• 2700원

이벤트를
검색

복수의 서비스에서
검색해서 정보를 정리

이벤트 정보
검색 서비스

지도 서비스

경로 검색
서비스

Point

✔ API를 사용함으로써 소프트웨어 간에 데이터 교환이 가능해진다.

✔ 매쉬업해서 서비스를 제공하면 이용자 편의성이 높아진다.

» 버전 관리 시스템

파일 버전 관리의 간판 툴

개발을 하다 보면 프로그램을 예전 버전으로 되돌리고 싶을 때가 있습니다. 또 개발 환경에서 실제 환경으로 소스 코드를 옮길 때 모든 것을 복사하는 것이 아니라 변경된 것만 옮기고 싶은 경우도 있습니다.

이런 경우에 사용되는 것이 버전 관리 시스템입니다. '언제 누가 어디를 어떻게 수정했는가?' '최신 버전은 어떤 것인가?' 등 변경 사항을 관리하는 소프트웨어로 최근에는 Git이 인기를 끌고 있습니다.

지금까지의 버전 관리 시스템은 이력 등을 관리하는 저장소가 전체 하나뿐이었습니다. Git은 '분산형 버전 관리 시스템'이라 불리며, 저장소를 여러 위치에 나누어 저장합니다. 개발자는 PC에 로컬 저장소를 가지고 있고, 평소에는 여기서 프로그램을 관리합니다(그림 6-34).

다른 개발자와 공유할 때는 로컬 저장소에서 원격 저장소로 반영됩니다. 네트워크에 연결되지 않은 상태에서도 로컬 저장소로 버전을 관리할 수 있어 개발 효율을 높일 수 있습니다.

편리한 기능을 갖춘 GitHub

Git의 원격 저장소로 사내에 서버를 준비할 수도 있지만, 편리한 서비스로서 GitHub가 있습니다. GitHub는 Git의 원격 저장소 기능 뿐만 아니라, 다른 개발자에게 리뷰를 의뢰하고, 통지, 기록하는 풀 리퀘스트(pull request)라는 편리한 기능을 갖추고 있습니다(그림 6-35).

집중관리하는 Subversion

Git과 같은 분산형과는 반대로 하나의 저장소로 관리하는 '집중형 버전 관리시스템'의 대표적인 것으로 Subversion이 있습니다. 최근에는 Git이 주류가 되었지만, 현재도 많은 프로젝트에서 사용되고 있습니다.

그림 6-34　Git의 조작

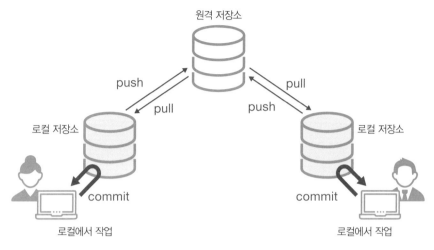

원격 저장소

push

pull

pull

push

로컬 저장소

로컬 저장소

commit

commit

로컬에서 작업

로컬에서 작업

Chapter
6

그림 6-35　GitHub에서의 풀 리퀘스트

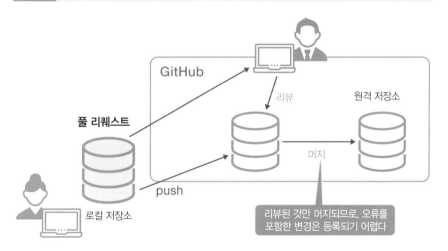

GitHub

리뷰

원격 저장소

풀 리퀘스트

머지

push

로컬 저장소

리뷰된 것만 머지되므로, 오류를
포함한 변경은 등록되기 어렵다

Point

✔ 파일 변경 시 변경 사항이나 이력을 관리하는 방법으로서 버전 관리 시스템이 있
으며, Git이나 Subversion 등이 유명하다.

✔ Git의 원격 저장소로 대표적인 서비스로 GitHub가 있다.

≫ 무료로 공개된 소스 코드

소스 코드를 공개하는 효과

무료로 공개된 소프트웨어를 프리 소프트웨어라고 하는데, 소스 코드까지는 공개되지 않는 것이 일반적입니다. 한편, 소스 코드가 공개되어 있고 무상으로 누구나 자유롭게 수정, 재배포가 가능한 소프트웨어를 OSS(Open Source Software)라고 합니다(그림 6-36).

OSS는 특정 기업이 아니라 뜻있는 사람들에 의해 조직된 커뮤니티에서 개발되는 경우가 많으며, 많은 프로그래머가 참여합니다. OSS는 기본적으로 자유롭게 사용할 수 있기 때문에, 그 소스 코드를 보고 소프트웨어의 구조를 공부할 수도 있고, 그 일부를 수정하여 개량한 소프트웨어를 개발할 수도 있습니다.

라이선스의 차이를 이해한다

OSS는 소스 코드가 공개되어 있다고 해서 무제한으로 이용할 수 있는 것은 아닙니다. 그림 6-37과 같은 **라이선스**가 정해져 있으며, GPL과 BSD 라이선스, MIT 라이선스 등이 유명합니다. 개변한 소프트웨어를 배포할 경우, 그 소스 코드를 명시할 필요가 있는 것도 있습니다.

OSS를 이용해 상용 소프트웨어를 개발하고, 소스 코드를 공개하지 않고 판매할 경우는 라이선스 내용에 주의합시다.

OSS를 사용할 때 주의점

OSS는 소스 코드가 공개되어 있어, 취약성이 쉽게 발견되기도 합니다. 하지만, 개발하는 커뮤니티도 기업이 아니기 때문에 취약성 대응에 시간이 걸리기도 합니다. 프로그램에 따라서는 거의 유지보수가 되지 않는 것도 있습니다.

취약성이 발견됐을 때 다른 개발자 누구나 수정할 수 있다는 장점도 있지만, 이렇게 단점이 있다는 것도 알아 두세요.

그림 6-36 OSS와 일반 소프트웨어의 차이

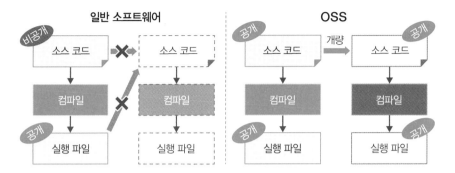

그림 6-37 OSS 라이선스

카테고리 · 유형	라이선스의 예	개변부분 소스 코드 명시	다른 소프트웨어의 소스 코드 공개
카피레프트 형	GPL, AGPLv3, EUPL 등	필요	필요
준 카피레프트 형	MPL, LGPLv3 등	필요	불필요
비 카피레프트 형	BSD License, Apache 2.0 License, MIT License 등	불필요	불필요

출처: 정보처리추진기구 "OSS 라이선스 비교 및 이용동향 및 분쟁에 관한 조사 조사보고서" (URL: https://www.ipa. go.jp/files/000028335.pdf)를 바탕으로 작성

그림 6-38 권리의 범위

	작자가 가진 권리	이용자가 가진 권리
서적의 경우	출판한다, 인쇄한다, 개정한다,…	읽는다
음악의 경우	녹음한다, 연주한다, 편곡한다, …	듣는다
소프트웨어의 경우	복제한다, 배포한다, 개조한다, …	실행한다

OSS의 경우, 이용자가 쓸 수 있는 범위는 달라진다

Point

✔ OSS는 무료로 공개되어 있으나 정해진 라이선스에 따라 사용해야 한다.

✔ 유지보수되지 않은 OSS도 있어 사용시 취약성 등에 주의할 필요가 있다.

» 다른 사람의 프로그램을 원래대로 되돌린다

실행 파일에서 소스 코드를 만들어내다 //

상용 소프트웨어를 개발할 경우, 소스 코드는 매우 중요한 자산입니다. 소스 코드를
타사에 도둑맞아버리면 쉽게 유사 소프트웨어가 개발될 수 있습니다. 그래서 일반적
으로 컴파일을 한 후 기계어 실행 파일만 배포합니다.

경쟁사에서 본다면 소프트웨어의 구현 방법은 어떻게든 알고 싶은 정보일 것입니다.
잠시 기계어 실행 파일로부터 소스 코드나 설계도 등을 만들어 내는 방법을 생각해
보겠습니다. 이 방법을 **리버스 엔지니어링**이라고 합니다(그림 6-39). 하드웨어는 분
해하면 내부 구조를 비교적 간단히 조사할 수 있지만, 소프트웨어는 완전한 형태로
소스 코드를 추출하기가 어렵습니다. 또 **소프트웨어에는 저작권이 있기 때문에**, 리
버스 엔지니어링에는 문제가 있다고 여겨져 계약상 금지되는 경우도 있습니다.

소스 코드 분실의 위기를 구하다 //

자사의 제품이라도 소스 코드를 잃어버려, 실행 파일에서 소스 코드를 복원하고 싶
은 경우도 있습니다. 그러기 위해서는 기계어를 가능한 한 인간이 읽을 수 있는 형태
로 변환할 필요가 있습니다.

이렇게 변환하는 툴을 **역어셈블러**라고 하며, 변환 작업을 역어셈블이라고 합니다. 이
름 그대로 어셈블리 언어에서 기계어를 변환하는 역작업을 할 뿐이며, 얻어지는 코
드는 어셈블리 언어와 같은 수준입니다(최근에는 중간 언어를 사용하는 언어도 있고
어느 정도 읽을 수 있는 경우도 있습니다).

또한, 고수준 언어로 된 소스 코드로까지 변환하는 툴인 **역컴파일러**가 있지만, 많은
프로그래밍 언어에서 이를 실현하기는 힘들며, 원래 소스 코드와 완전히 동일한 코
드를 생성할 수 있는 것은 아닙니다. 최근에는 난독화까지 이루어진 경우도 있기 때
문에, 어디까지나 복구에 기여할 가능성이 있다고 참고 정도로 생각해 두는 게 좋습
니다(그림 6-40).

그림 6-39 실행 파일에서 소스 코드를 추출하는 방법

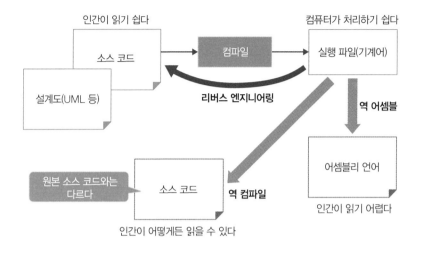

그림 6-40 난독화의 예

```
function fibonacci(n){
    if ((n == 0) || (n == 1)){
        return 1;
    } else {
        return fibonacci(n - 1) + fibonacci(n - 2);
    }
}

let n = 10;
console.log(fibonacci(n));
```

↓ 난독화

```
var _0xbee9=["\x6C\x6F\x67"];function
a(b){if((b==0)||(b==1)){return 1}else {return
a(b-1)+ a(b-2)}}let
c=10;console[_0xbee9[0]](a(c))
```

Point

✔ 리버스 엔지니어링으로 실행 파일에서 소스 코드 등을 만들어 낼 수 있다.

✔ 난독화되어 있는 소스 코드의 경우, 역컴파일을 해도 원래의 소스 코드와는 거리
가 멀 수 있다.

≫ 보안 문제에 관한 이해

일반 이용자가 눈치채지 못하는 오류 //////////////////////////////////

소프트웨어는 인간이 만든 것이므로 반드시라고 해도 좋을 만큼 문제가 존재합니다. 일반적인 오류라면 이용자가 예상한 기능과 다른 동작을 하기 때문에 이용자도 알아챌 수 있습니다.

그러나, 보안상 문제가 있는 경우는 대부분 알아채지 못합니다. 이러한 보안상의 문제점을 **취약성**이라고 합니다. 악의를 가진 공격자가 취약성을 발견하면, 그것을 노리고 공격이 이루어지기 때문에 바이러스 감염이나 정보 누설, 조작 등 많은 피해가 발생합니다(그림 6-41).

취약성과 비슷한 말로 **시큐리티 홀**이 있습니다. 취약성은 소프트웨어뿐만 아니라 '하드웨어의 취약성'이나 '인간의 취약성' 등의 용도로 사용되기도 합니다. 즉, 취약성이 보안상의 문제가 있을 때 폭넓게 사용되는 단어인데 반해, 시큐리티 홀은 주로 소프트웨어에 관한 용도로 사용됩니다(그림 6-42).

메모리의 부적절한 관리로 일어나는 공격 //////////////////////////////////

컴퓨터에 설치된 소프트웨어에 대한 공격으로서 메모리의 부적절한 관리를 악용하는 방법이 있습니다. 이를 **버퍼 오버플로**라고 합니다.

버퍼 오버플로는 프로그래머가 예상한 영역을 넘어서 데이터에 접근할 수 있다는 점을 악용한 공격으로, 스택 오버플로우나 힙 오버플로우 등이 있습니다.

예를 들어 함수를 호출할 경우 메모리 상에 변수의 영역을 확보하고 함수가 돌아갈 곳의 정보를 저장하는데, 확보한 메모리 크기를 초과한 데이터가 입력되면 다른 변수나 함수가 돌아갈 곳을 덮어쓰게 됩니다(그림 6-43). 함수가 돌아갈 곳을 바꿔 쓸 수 있기 때문에, 공격자가 준비한 임의의 처리를 실행할 수 있게 됩니다.

그림 6-41 오류와 취약성의 차이

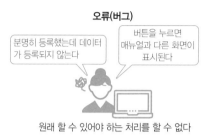

오류(버그)

분명히 등록했는데 데이터가 등록되지 않는다

버튼을 누르면 매뉴얼과 다른 화면이 표시된다

원래 할 수 있어야 하는 처리를 할 수 없다

취약성

문제 없이 쓸 수 있다

데이터를 변조할 수 있다

관리자 권한을 탈취한다

일반 조작에는 문제가 없지만, 공격자의 시점에서는 부정 조작을 할 수 있다.

그림 6-42 취약성과 시큐리티 홀의 관계

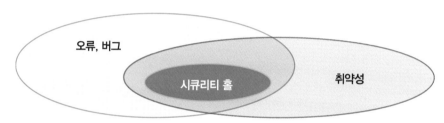

오류, 버그

시큐리티 홀

취약성

그림 6-43 버퍼 오버플로의 예

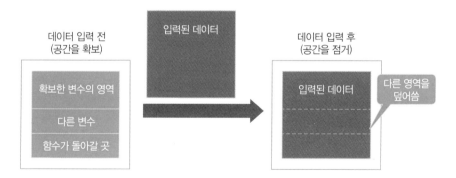

데이터 입력 전 (공간을 확보)

입력된 데이터

데이터 입력 후 (공간을 점거)

확보한 변수의 영역

다른 변수

함수가 돌아갈 곳

입력된 데이터

다른 영역을 덮어씀

Point

✔ 취약성이 있으면 일반 이용자는 문제없이 사용할 수 있으나, 공격자는 이를 악용하여 다양한 공격이 가능해진다.

✔ 메모리 관리에 관한 취약성의 예로서 버퍼 오버플로 등이 있다.

한번 해보요

웹앱의 Cookie를 조사해 보자

실제 사용되는 웹앱에서 어떤 내용들이 Cookie에 저장되어 있는지 살펴보겠습니다. 이때 웹 브라우저의 개발자 모드를 사용합니다.

예를 들어 Google Chrome에는 '개발자 도구'가 탑재되어 있습니다. 창을 연 상태로 Windows에서는 'Ctrl + Shift + I' 또는 'F12'키를, macOS의 경우 'Command + Option + I'를 누르면 개발자 도구를 시작할 수 있습니다.

열린 화면의 Application 탭에 있는 Storage에서 Cookies를 보면 해당 페이지에서 사용하는 Cookie를 표시할 수 있습니다. Naver의 첫 페이지에는 다음과 같이 많은 Cookie가 사용되었습니다.

자주 방문하는 웹사이트에서 어떤 Cookie가 사용되고 있는지 조사해 보세요.

용어집

◆ ▶ 뒤의 숫자는 관련 본문의 절

◆ ※가 붙은 것은 본문에는 등장하지 않는 관련 용어

※ACID (▶ 6-10)
데이터베이스가 트랜잭션 처리를 할 때 갖춰야 할 성질로, 원자성(Atomicity), 일관성(Consistency), 독립성(Isolation), 영구성(Durability)의 머리글자로 된 말.

CI/CD (▶ 5-10)
소스 코드를 커밋하면 자동으로 빌드나 테스트를 실행할 뿐만 아니라, 언제라도 릴리스할 수 있는 상태를 유지하는 것.

※ CRUD (▶ 6-10)
데이터베이스 등에서 데이터 조작의 기본이 되는 기능을 가리키는 말로, 작성(Create), 읽기(Read), 갱신(Update), 삭제(Delete)의 머리글자를 나열한 것. 크러드라고 부른다.

DOM (▶ 6-7)
HTML과 같은 문서를 프로그램에서 다루기 쉽도록 표현하고, 조작할 수 있는 구조를 말한다. 프로그래밍 언어에 의존하지 않고 동일한 인터페이스로 액세스할 수 있다.

※ EOF (▶ 3-9)
파일의 끝을 나타내는 특수한 기호를 말한다. End Of File의 약자로, 프로그램이 파일을 처리할 때 그 파일의 끝까지 읽어들인 것을 판정하기 위해서 사용된다.

FDD (▶ 1-8)
고객의 기능 가치(Feature)를 중시하는 개발 기법. 비즈니스 관점에서 필요한 기능을 밝혀내고, 반복적으로 개발을 반복한다. 사용자 기능 주도 개발(Feature-Driven Development)의 약자.

※ LOC (▶ 5-8)
소프트웨어 개발 공수를 예상할 경우 등에 사용되는 규모를 나타내는 지표 중 하나. Line Of Codes의 약자로 소스 코드의 라인 수를 말한다.

lorem ipsum (▶ 6-1)
소프트웨어의 화면 이미지 등을 설명할 때, 뭔가 문장이 들어간다는 것을 나타내기 위해서 사용되는 더미 텍스트. 문장에 의미가 없고 단순히 디자인을 보여주는 데 사용된다.

QA(품질보증) (▶ 1-9)
개발한 소프트웨어의 품질이 기준을 충족하는지 고객 시선에서 검사하고 판정하는 대처. 출하 후 고객 만족도 등도 포함해 생각할 필요가 있다.

RPA (▶ 1-3)
컴퓨터 내에 가상으로 마련된 로봇이 정해진 규칙에 따라 자동으로 처리하는 툴. 프로그래밍 지식 없이도 취급할 수 있기 때문에 업무 작업을 효율화할 것으로 기대된다.

RUP (▶ 1-8)
래셔널 통합 프로세스(Rational Unified Process)의 약자. 조직이나 프로젝트별로 사용 자화해서 사용하는 것을 전제로 한 개발 기법. 유스케이스(Use case)로 불리는 시스템의 동작을 중심으로 생각해, 반복형으로 개발을 진행한다.

UML (▶ 5-20)
객체 지향에서의 설계나 개발에서 통일된 서식으로 표현하기 위한 모델링 언어. 이해하기 쉬운 그림으로 표현함으로써 사람이나 언어에 따라 인식의 차이가 발생하는 것을 방지한다.

XP (▶ 5-12)

익스트림 프로그래밍(eXtreme Programming). 변경이 발생하는 것을 당연한 것으로 여기고, 변경에 적극적으로 대응하는 개발 기법. 문서보다도 소스 코드를 중시한다.

※ 언로드 (▶ 6-10)

데이터를 데이터베이스에 저장하거나 프로그램을 메모리에 읽는 것을 '로드'라고 하는데, 그 반대다. 데이터를 데이터베이스로부터 꺼내거나 메모리에서 프로그램을 파기하는 것을 가리킨다.

※ 이벤트 주도 (▶ 2-12)

이용자의 키입력이나 마우스 조작 등의 이벤트가 발생했을 때에 동작하는 프로그램을 말한다. 평소 대기 상태에 있다가 이벤트가 발생하면 지정된 처리를 실행한다.

※ 인크리먼트 (▶ 3-5)

변수 값을 하나만 늘리는 연산이다. 반대로 하나만 줄이는 연산을 디크리먼트(decrement)라고 한다. 또, 작은 것을 쌓아 올리는 개발 기법을 인크리멘털 개발이라고 한다.

인스턴스 (▶ 5-15)

객체 지향 프로그래밍에서 클래스로부터 생성된 실체를 말한다. 인스턴스는 메모리 상에 확보되며 개별적으로 그 영역을 할당받는다.

인터페이스 (▶ 5-19)

여러 가지를 서로 연결시키는 부분을 말한다. 기기를 연결하는 규격, 인간이 컴퓨터를 사용하는 경우 외형, 객체 지향에서 여러 클래스를 다룰 때의 형 등 폭넓은 장면에서 사용된다.

사용자 승인 테스트 (▶ 5-4)

입고 테스트라고도 한다. 개발이 끝난 소프트웨어에 대해 발주자 측이 하는 테스트를 말한다. 요구한 기능이 구현되어 있는지 확인하고, 문제가 없으면 검수가 된다.

오버플로 (▶ 3-12)

정해진 크기의 영역에 들어갈 수 있는 양을 초과한 데이터가 주어져서 그 영역에서 넘치는 것. 수치 오버플로 뿐만 아니라, 스택 오버플로, 버퍼 오버플로 등이 있다.

오브젝트 (▶ 5-15)

객체 지향 프로그래밍에서 어떤 클래스에서 생성된 실체 등의 총칭. 인스턴스와 같은 의미로 쓰이는 경우도 많다.

※ 온프레미스 (▶ 6-13)

서버 등을 사내에 구축하고 운용하는 것. 유연하게 커스터마이징 할 수 있으며 보안 면에서 안전성도 높지만, 장애 발생 시에는 직접 해결할 필요가 있다. 클라우드와 비교해서 사용되는 경우가 많다.

※ 환경변수 (▶ 3-4)

복수의 프로그램에서 공통으로 사용하는 설정을 보존하기 위해 OS가 준비하고 있는 변수. 이용자나 컴퓨터마다 설정함으로써 해당 이용자나 컴퓨터 내에서는 같은 값을 사용할 수 있다.

※ 관계모델 (▶ 5-13)

현재의 릴레이셔널 데이터베이스의 기초가 되는 모델. 테이블이라고 불리는 2차원의 표로 데이터를 관리하고, 선택, 사영, 결합 등의 기능을 가진다.

※ 캐시 (▶ 6-5)

한 번 이용한 데이터를 일시적으로 보관해서 다음 이용 시에 고속으로 액세스할 수 있는 기능.

큐 (▶ 3-16)

저장한 순서대로 데이터를 꺼내는 데이터 구조를 말한다. 거리에 늘어선 행렬에 비유해 대기 행렬이라고 불리기도 한다.

클라우드 (▶ 6-13)

인터넷을 통해 제공되는 다양한 서비스. 서비스 내용이나 이용 형태에 따라 SaaS, PaaS, IaaS 등으로 분류된다.

클래스 (▶ 5-15)

객체 지향 프로그래밍에서 데이터와 조작을 통합할 때의 설계도에 해당하는 것.

글로벌 변수 (▶ 4-6)

프로그램 어디에서나 접근할 수 있는 변수. 잘 사용하면 편리하지만, 예기치 않게 내용을 고쳐 쓸 가능성이 있어 예상치 못한 버그로 이어지기 쉽다.

상속 (▶ 5-16)

객체 지향 프로그래밍에서 기존 클래스를 확장해서 새로운 클래스를 만드는 것. 소스 코드의 중복을 줄이고 재사용할 수 있는 이점이 있다.

구문 해석 (▶ 2-9)

문장에서는 각 단어로 분해해 각각의 관계를 도식화하는 등 해석하는 것. 프로그래밍 언어에서는 소스 코드를 해석해, 프로그램으로 변환하는 처리의 하나.

※ 콜백 (▶ 6-2)

함수의 인수로서 함수를 전달하고, 호출된 함수 내에서 인수로 받은 함수를 실행하는 것. 프레임워크나 라이브러리 등에서 자주 사용된다.

※ 커넥션 풀링 (▶ 6-10)

프로그램이 동일한 데이터베이스에 여러 번 액세스할 때, 매번 접속과 절단을 하는 것이 아니라 한 번 접속된 정보를 유지하고 돌려 쓰는 것. 메모리는 차지하지만, 부하가 높아지는 것을 피할 수 있다.

재귀 (▶ 4-7)

함수 안에서 자신의 함수를 호출하는 함수. 트리 구조 탐색 등 동일한 처리가 여러 층에 걸쳐 반복될 때 사용된다.

서브 클래스 (▶ 5-16)

객체 지향 프로그래밍에서 어떤 클래스를 상속해서 만든 클래스를 말한다. 원 클래스가 가진 특징은 이어받고, 새로운 데이터와 기능을 정의할 수 있다.

※ 임계값 (▶ 4-2)

조건분기의 경계가 되는 값으로, 동작을 바꾸는 기준으로 쓰인다. '역치'라고 쓰기도 한다.

실수형 (▶ 3-7)

실수를 다루는 자료형을 말한다. 실수는 무한히 존재하며 컴퓨터로 다룰 수 없기 때문에, 부동소수점 등을 사용하여 표현하는 경우가 많다.

진릿값 (▶ 3-2)

진위를 나타내는 값을 말한다. 프로그래밍 언어에 따라 표현은 다르지만 True와 False, 1과 0 등의 값을 사용하는 경우가 많다.

※ 스캐폴딩 (▶ 6-2)

일반 앱이 갖출 기본적인 기능의 뼈대를 만드는 것. 프레임워크 등에서 많이 사용되며, 커맨드를 실행하기만 하면 앱에 필요한 파일을 자동으로 생성해준다.

스크럼 (▶ 1-8)

소프트웨어 개발을 단기간에 단락짓고, 그 기간 내에 설계나 구현, 테스트 등을 실시하는 것을 반복해, 우선순위가 높은 것부터 개발을 진행하는 기법. 팀에서 효율적으로 개발을 진행할 수 있다.

스택 (▶ 3-16)

마지막에 저장한 데이터를 처음으로 꺼내는 데이터 구조. 배열로의 데이터 저장에 사용될 뿐만 아니라, 함수 호출 시에 돌아오는 주소를 지정하는 콜스택 등도 있다.

※스텁 (▶ 5-12)

프로그램 테스트를 할 때 다른 모듈이 완성되지 않았을 경우 대신 쓰는 더미 모듈로, 테스트 대상으로부터 호출받으면 적당한 데이터를 반환한다.

※ 저장 프로시저 (▶ 6-11)

데이터베이스 안에 저장되어 있는 함수로, 데이터베이스 내에서 여러 처리를 한꺼번에 실행하는 역할을 담당한다. 사전에 컴파일해두기에 고속으로 처리할 수 있고, 호출하는 프로그램도 단순해진다.

※ 스파게티 코드 (▶ 5-11)

복잡하게 얽힌 소스 코드로 처리 흐름 등을 개발자가 조사하기 어려운 소스 코드. 동작에 지장이 없는 경우도 있으나, 보수가 곤란하고 버그의 온상이 될 가능성이 높다.

스프린트 계획 (▶ 1-8)

스크럼에서 하나의 개발 기간 스프린트라고 하고, 스프린트가 시작하기 전에 개발할 내용을 결정하고, 무엇을 어느 정도의 기간에 어떻게 실현할 것인가, 팀 전체로서 약속하는 것.

스프린트 리뷰 (▶1-8)

스프린트 끝에 실시하는 미팅의 내용. 팀원 및 관계자가 참여해 잘 진행한 일과 문제점, 해결 방법 등을 논의해 다음 스프린트에 도움을 준다.

※ 스루풋 (▶ 4-14)

단위 시간당 처리할 수 있는 양을 말한다. 네트워크에서 어떤 시간 내에 전송할 수 있는 양이나 프로그램에서 시간 내에 처리할 수 있는 양 등 처리 능력을 나타내기 위해 쓰인다.

※ 정규 표현 (▶ 3-9)

어떤 규칙을 따르는 문자열을 하나의 형식으로 표현하는 방법. 문장 내에서 특정 문자열을 검색할 경우 그 내용이 아닌 형식으로 검색할 수 있다.

취약성 (▶ 6-19)

소프트웨어 등에 존재하는 보안상의 결함을 말한다. 일반 이용자는 눈치채지 못하지만, 공격자 입장에서 악용하면 이용자에게 피해가 발생한다.

※ 정적 형지정 (▶ 2-6)

변수, 함수의 인수, 함수의 반환값 등에서 그 변수의 형을 컴파일 시점과 같이 프로그램 실행 전에 결정해 둘 것.

설계 (▶ 1-7)

요건 정의에서 정해진 내용을 어떻게 구현할지 검토하고 문서를 작성하는 작업. 기본 설계와 상세 설계로 나누어 생각하는 경우가 많다.

※세마포 (▶ 6-11)

배타제어를 실현할 때 그 자원에 대해 앞으로도 얼마나 이용할 수 있는지를 나타내는 값이다. 또, 복수의 프로세스가 동시에 동작할 때, 처리 상황을 동기화하기 위해서도 사용된다.

※디그레이드 (▶ 6-16)
예전 소스 코드임을 깨닫지 못하고 개발을 진행시키거나, 예전 프로그램을 잘못 공개해서 개발해야 하는 기능이 없어지거나 수정했던 버그가 재발하는 것.

소프트웨어 매트릭스 (▶ 5-8)
소스 코드의 규모나 복잡도, 보수성 등을 정량적으로 나타내는 값을 말한다. 보수하기 어려운 코드를 조기에 발견하여 보수 부담을 줄이는 등 품질 향상을 위해 정적적 해석 툴 등을 사용해 측정한다.

※ 덕 타이핑 (▶ 5-19)
객체 지향에서 동일한 이름의 메소드를 가진 오브젝트라면 상속 관계가 없는 클래스에서 생성되어 있어도 처리할 수 있는 것.

단정밀도 (▶ 3-7)
부동소수점수 규격인 IEEE 754에서 32비트로 소수를 표현하는 형식을 말한다.

덤프 (▶ 5-7)
디버깅 등을 위해 메모리의 내용이나 파일의 내용을 화면이나 파일에 출력한다. 16진수로 출력해 그 내용을 확인하는 경우가 많다.

데일리 스크럼 (▶ 1-8)
매일 실시하는 15분 정도의 짧은 회의를 말한다. 전회까지 작업의 체크와 다음 회 작업 예측에 관해 이야기하고, 목표를 달성할 수 있도록 조율한다.

데이터 모델링 (▶ 1-9)
시스템이 취급하는 데이터의 항목이나 관계 등을 정리하고, 개발자가 공통된 인식을 가질 수 있도록 시각화하는 것. ER 다이어그램이나 UML 등을 사용해 표현하는 경우가 많다.

테스트 (▶ 5-3)
개발한 소프트웨어가 올바르게 동작하는지 확인하는 작업. 올바른 데이터를 정상적으로 처리할 수 있을 뿐 아니라 부적절한 데이터가 주어졌을 때에도 적절한 처리가 수행되는지 확인한다.

테스트 주도 개발 (▶ 5-12)
테스트를 전제로 개발을 추진하는 개발 방법. 사양을 테스트 코드로 기술해 둠으로써 구현한 코드가 테스트를 만족하는지 체크하면서 개발을 진행할 수 있다.

※ 동적 형지정 (▶ 2-7)
변수, 함수의 인수, 함수의 반환값 등에서 변수의 형을 컴파일 시점에서는 정하지 않고, 프로그램 실행 시에 저장되는 실제 값으로 판단한다.

인월 · 인일 (▶ 5-26)
개발 등에 소요되는 작업량을 수치로 나타내기 위해 사용되는 단위. 1인월은 한 사람의 엔지니어가 한 달에 할 수 있는 일의 양을 기준으로 한다. 3인월인 경우, 1명이면 3개월이 걸리지만 3명이면 1개월만에 완성된다고 예상한다.

배정밀도 (▶ 3-7)
부동소수점수에 대한 규격인 IEEE 754에서 64비트로 소수를 표현하는 형식을 말한다.

파이프(쉘) (▶ 2-11)
어떤 명령어의 표준 출력을 다른 명령어의 표준 입력에 연결한다. 도중에 파일을 거치지 않고, 프로그램 간에 데이터를 주고받을 수 있다.

해시함수 (▶ 3-13)
주어진 값으로부터 어떤 변환을 하는 함수로, 동일한 입력이면 같은 출력을 얻을 수 있다. 복수의 입력에서 같은 출력을 얻는 경우가 적어지도록 설계된다.

※ 센티널 값　　　　　　（▶ 3-9）
데이터의 종료 등 경계를 나타내기 위해 사용되는 특수한 값을 말한다. 루프 등의 종료 조건으로 사용되며, 조건 판정을 단순하게 하는 효과가 있다.

※ 퍼징　　　　　　　　（▶ 5-5）
프로그램의 오류나 취약성을 조사하기 위해 문제가 있을 법한 다양한 데이터를 시험하고, 비정상인 동작을 하지 않는지 체크하는 테스트 방법(Fuzzing test).

※ 브런치　　　　　　　（▶ 6-16）
버전 관리 시스템 등으로 메인 계통에서 나누어 개발을 추진하는 분기적 흐름이다. 분리된 브런치를 통합하는 것을 머지라고 한다.

프레임워크　　　　　　（▶ 6-2）
대부분의 소프트웨어에서 사용하는 일반적인 기능이 준비되어 있는 것.

페어 프로그래밍　　　　（▶ 1-10）
2인 이상의 프로그래머가 1대의 컴퓨터를 사용하여 공동으로 프로그램을 작성하는 것. 발전된 형태로 몹 프로그래밍이 있다.

포인터　　　　　　　　（▶ 3-14）
프로그램 내에서 변수의 메모리 상에서의 위치(어드레스)를 저장하는 데이터형을 말한다. 포인터에 저장된 주소로 액세스하면 변수나 배열을 조작할 수 있다.

※보수　　　　　　　　（▶ 3-2）
더하면 자릿수가 올라가는 수 중 가장 작은 수를 말한다. 주로 2진법에서 사용되며 컴퓨터에서 정수를 다룰 때 음수 값을 표현하기 위해 2의 보수가 사용된다.

마일스톤　　　　　　　（▶ 1-8）
FDD에서 Feature 마다 도메인 워크 스루, 설계, 설계 인스펙션, 코딩, 코드 인스펙션, 빌드라고 하는 6가지로 나누어 각각의 진척을 관리하는 방법.

꼬리재귀　　　　　　　（▶ 4-7）
재귀적인 함수에서 그 함수의 마지막 단계(반환 값을 반환하는 부분)가 자신의 재귀 호출뿐이고, 그 함수 안의 다른 부분에서는 자신을 재귀 호출하지 않는 함수를 말한다.

플래닝 포커　　　　　　（▶ 1-8）
공수 견적을 낼 때 포커처럼 카드를 사용해 개발 멤버가 상대적으로 개발 공수를 결정하는 방법. 단위는 가공적인 것이며, 실적과 비교해서 일정을 결정한다.

※ 무명 함수　　　　　　（▶ 4-4）
내용은 정의되어 있으나 이름을 붙이지 않은 함수를 말한다. 함수를 호출하기 위해서는 이름이 필요하지만, 콜백 함수의 경우 인수로 넘기기만 하면 되므로 이름이 필요 없어 생략할 수 있게 한 것.

※ 목　　　　　　　　　（▶ 5-12）
프로그램 테스트를 할 때 다른 모듈이 준비되지 않았을 때 대신 쓰는 더미 모듈이다. 필요한 인터페이스는 갖추고 있지만 알맹이가 없는 모듈.

반환값　　　　　　　　（▶ 4-4）
함수를 호출했을 때, 함수의 처리를 모두 마치고 호출한 곳으로 반환하는 값을 말한다. 함수 내에서의 처리 결과나 오류의 유무 등을 반환하는 일이 많다.

유스케이스 주도 (▶ 1-8)
RUP에서 개발 대상을 명확히 하기 위해 설계나 구현, 테스트 등 개발의 모든 장면에서 유스케이스를 중심으로 개발을 진행하는 일.

요건정의 (▶ 1-7)
소프트웨어를 개발하기 전에 찾아낸 고객의 요구을 바탕으로 실현 범위와 품질 등을 고객과 조정하여 결정하는 것. 결정한 내용을 요건정의서로서 문서를 작성한다.

라이브러리 (▶ 6-2)
많은 프로그램에서 공통적으로 사용하는 편리한 기능을 모은 것.

※ 난수(랜덤) (▶ 3-4)
주사위를 던져서 나오는 눈처럼 다음에 뭐가 나올지 모르는 수를 말한다. 컴퓨터에서는 계산으로 생성된 값을 난수로 가장하고 있기 때문에 의사난수(pseudo-random numbers)로 불린다.

※ 런타임 라이브러리 (▶ 6-2)
프로그램 실행 시에 로드되는 라이브러리로, 실행 파일과 별도로 준비된 편리한 기능의 집합이다. 복수의 프로그램에서 공통되는 처리 등을 준비해 두면 디스크 사용량을 줄일 수 있다.

린 (▶ 1-8)
가설 검증을 반복하면서 개발을 진행시키는 기법. 최소한의 비용으로 개발하여 신속하게 출시하고, 고객 및 사용자의 반응을 보고 효과를 측정하면서 개선을 반복한다. 린 스타트업이라고도 한다.

리다이렉트(쉘) (▶ 2-11)
명령어에서 입력이나 출력을 표준 입력이나 표준 출력에서 변경하는 것. 파일로 입력하고 파일로 출력하는 등의 방법이 자주 사용된다.

리팩토링 (▶ 5-11)
프로그램의 동작을 바꾸지 않고 소스 코드를 더 좋은 형태로 수정하는 것. 사양 변경 및 기능 추가 등으로 복잡해지고 유지보수가 어려워진 소스 코드를 결과를 바꾸지 않도록 수정한다.

예외 (▶ 4-8)
시스템 설계 시에 예상하지 않은, 실행 시 발생하는 문제를 말한다. 예외가 발생하면 시스템이 정지되거나 처리 중인 데이터가 없어지거나 한다.

※ 렌더링 (▶ 6-1)
주어진 데이터를 화면 등에 그려서 표시하는 것. 예를 들어 웹브라우저는 HTML이나 CSS의 데이터를 받아서 레이아웃에 맞게 보여준다.

로컬 변수 (▶ 4-6)
함수 내부 등 프로그램의 일부에서만 접근할 수 있는 변수를 말한다. 함수가 호출되었을 때 메모리 영역에 확보되고 함수가 종료된 시점에서 해제된다.

논리형 (▶ 3-7)
진릿값을 다루는 데이터형을 말한다. AND나 OR과 같은 논리연산도 가능하며, 조건분기의 판정 등에도 사용된다.

그림으로 배우는
프로그래밍 구조

1판 1쇄 발행 2021년 8월 25일
1판 2쇄 발행 2023년 5월 15일

저　　자　　마스이 토시카츠
역　　자　　김성훈
발 행 인　　김길수
발 행 처　　(주)영진닷컴
주　　소　　서울시 금천구 가산디지털1로 128
　　　　　　STX-V타워 4층 영진닷컴 기획1팀
등　　록　　2007. 4. 27. 제16-4189호

ISBN 978-89-314-6559-4
http://www.youngjin.com